神様とつながる

開運ごはん

開運料理人　ちこ

UNIWA

JINGUKAN

つれづれ聞書

鈴木そのゑ著

南無庵主人

はじめに　〜なぜ、ごはんで運がひらけていくのか？〜

ごはんは〝たましい〟の栄養です。

だから、ちゃんとごはんを食べれば、運が良くなります。

といわれても、にわかに信じられないかもしれませんが、本当の話です。

パワースポットをめぐるよりも、開運グッズを集めるよりも、どこかでお祓《はら》いを受けるよりも、食を変えるほうが、よっぽど開運の効果があります。

私自身も、食を変えるだけで、ここまで人生が変わるのかと、正直、びっくりしているぐらいです。

もちろん、私だけじゃありません。赤ちゃんから、お爺《じい》ちゃんお婆《ばあ》ちゃんまで、実に多くの方々が、元気になられてゆく姿を目《ま》の当たりにしてきました。

だから、自信をもって言えます。

食べ方を変えるだけで、確実に、あなたの運は良くなります。


ところで、運とはなんでしょうか。「運《はこ》ぶ」と書いて運《うん》と読みますが、いったい何を運ぶのでしょうか。

その答えは、縁《えん》です。運は〝縁を運ぶ〟のです。縁には、接点、つながり、橋渡しなどの意味合いがあり、人と人とはもちろんですが、人と情報、人とモノ、人と食べ物、人と場所、といった縁もあります。

誰かから受けた恩を、別の人に送る。そして、その送られた人がさらに別の人に渡す。その「恩」が世の中をぐるぐる回ってゆくこと。

これを「恩送《おんおく》り（ペイ・フォワード）」といいます。

映画『ペイ・フォワード』は、主人公の少年が、社会科の先生から与えられた課題「もし、自分の手で世界を変えたいと思ったら、何をする？」からはじまります。

少年は「自分が受けた善意や思いやりを、その相手に返すのではなく、別の三人に渡します」と提案して、いろいろと試みるものの、なかなかうまくいかず、「失敗だったのでは？」と思います。

しかし、少年の気づかないところで、このバトンは次々に受け渡されていました。

恩送り（ペイ・フォワード）が、めぐりめぐって、自分のところに返ってくるのが、最も運の良い状態です。これを、人に親切にしておけば、必ず良い報いがあるという意味で、「情《なさ》けは人の為《ため》ならず」と申します。

また、善い行いを積み重ねた家には、必ず子孫にまで及ぶ幸福がやってくるという意味で、「積善《せきぜん》の家には必ず余慶《よけい》あり」とも申します。

このような考え方は、不思議でもなんでもなく、もっともな話です。

縁（つながり）が成長すれば円（仲間）になります。円がぐるぐる回転すれば、そこに循環が生まれます。

循環の中で、貸し（善行・親切・ギブ）があれば、すぐに良い報いとなって返ってくるのは、当然でしょう。

ただし私は、〝ペイ・フォワード〟だけではアンバランスで、受けた恩を、してくれた相手に返す恩返しも、その時々に応じて必要だと思います。

ともあれ、縁が循環するのは、最も運の良い状態だといえそうです。

では、なぜ、そうならないのでしょうか。なぜ、循環しないのでしょう。

それは、バランスを失っているからです。

例えば、日常における（諸々《もろもろ》の）貸し借り、緊張とリラックス、吸収と発散、理想と現実、思考と行動、ウソとホント、などのバランスがうまくコントロールできていない状況をあらわします。
そのどちらにも偏らないように、状況に合わせてバランスがとれればいいのですが、実際は、なかなかそうもいきません。

では、どうすればいいかというと、大いなる循環を味方につければいいのです。
日本に古くから伝わる年中行事のお正月、立春の節分、ひな祭り、お花見、端午《たんご》の節供《せっく》、夏越《なごし》の大祓《おおはらえ》、七夕《たなばた》、土用《どよう》の丑《うし》、お盆、重陽《ちょうよう》の節供《せっく》、新嘗祭《にいなめさい》、冬至《とうじ》など。これらの背後には、大いなる循環が潜《ひそ》んでいます。

本書でお伝えしたいのは、食とライフスタイルを通じて、大いなる循環のパワーを心身に取り込み、自分自身の中に眠るバランス感覚（感性・たましい）を目覚めさせる方法です。

そもそも運の流れには、二つのルートがあります。

それが「悟性《ごせい》」と「理性」です。

【悟性】理想（ゴール・真善美・聖なるもの）に向かうルート
【理性】現実（目標・人間関係・家事・仕事）に着地するルート

悟性を象徴するのが、哲学、神秘主義、宗教などです。悟性に偏《かたよ》り過ぎると、何が正しく何が間違っているのか、何が善で何が悪かといった、答えのない迷路をさ迷うか、ひとりよがりな考えや行動になりがちです。

理性に偏り過ぎると、機械のような人間になり、ごく単純にいえば、つまらない人生になってしまいます。このバランスを司るのが、感性の働きです。感性は、古神道《こしんとう》でいう〝たましい〟に相当するものです。

感性、もしくは、たましいがうまく機能していれば、ホントとウソとを見分けられる〝センサー〟、善と悪とを見定める〝眼力〟、美しさを見つけられる〝見識〟は、自然に身につくものです。

例えば、市販の野菜の良し悪しや、マスコミ報道のホントやウソ、ひとりの人間の生きざまが映る後ろ姿や、日々表情を変える朝日夕日の美しさや、家族や仲間や周りにいる人の体調と心理状況など、パッと見た瞬間に、理屈抜きにわかるもの。そういった感性は、誰の心にも、もともと備わっているものです。

もちろん、時代によって、文化によって、流行はあります。民族によって、個人によって、得意不得意、好み、タブーもあります。

でも、感性の持つバランス感覚には、流行《はや》り廃《すた》りがありません。時代に合わせて、文化にそって、それぞれの性格や特徴を通し、発揮されるのが感性なのです。

不幸を招いたり、不運に陥《おちい》ってしまうのは、感性低下による、「悟性《ごせい》」と「理性」のアンバランスが原因ですから、改善策は食を糺《ただ》すこと。まず、本書をお読みい

循環の図

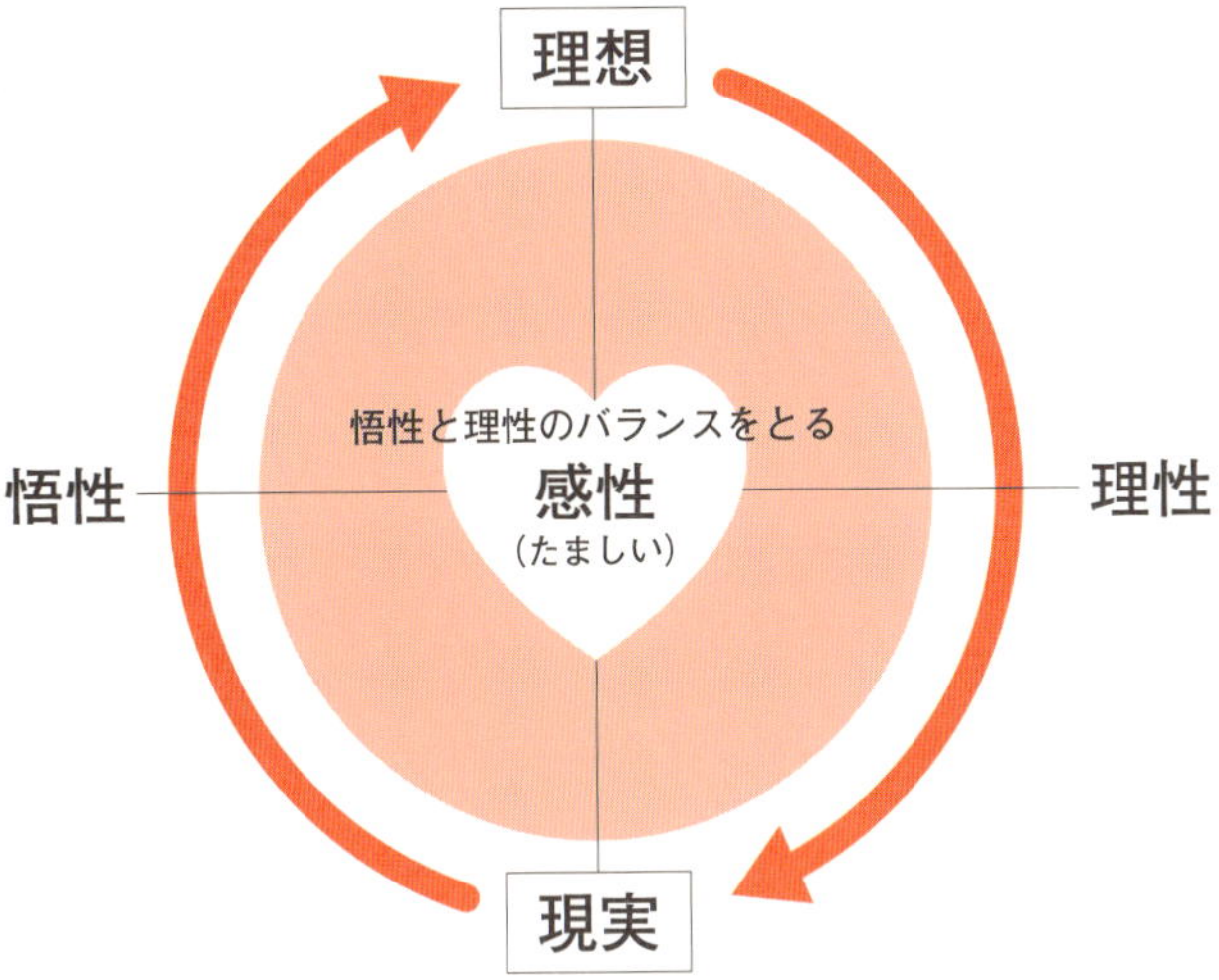

人間は理想(※1)に向かう悟性と、現実(※2)に根を降ろす理性との中間の存在です。
悟性と理性とのバランスをとるのが感性(たましい)の働きです。

(※1)理想…ゴール・真善美・聖なるもの・気・本質・抽象・原因
(※2)現実…目標・人間関係・仕事・家事・物質・現象・具体・結果

ただいてから、『開運ごはん』を実際に食べていただくことです。

そして、自分にできる範囲でかまいません。『開運ごはん』流のライフスタイルを少しずつ日常に取り入れてみてください。

本書では、「御食事ゆにわ」（大阪府枚方市《ひらかた》楠葉《くずは》）で実際にあった出来事と、日々執《と》り行われている『開運ごはん』の全貌《ぜんぼう》についてお伝えします。

あなたの人生の〝弥栄《いやさか》〟を心からお祈りいたします。

御食事ゆにわ　店長
開運料理人　　ちこ

目次

第二章　神様に応援されるための開運の心得

第三章　四季の神様をお招きするための作法

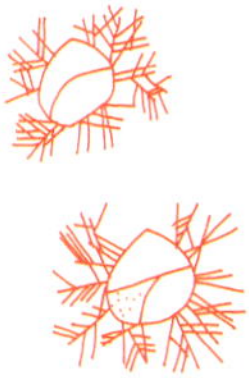

秋

冬

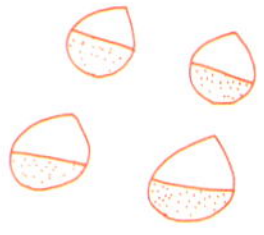

Keiungohan
written by Tico

開運ごはんを作る準備

Vol. I

IT ALL STARTS
WITH EATING
GOOD
FORTUNE

神様とつながる開運ごはん
Good-fortune meals with our ONENESS

食べ方を変えたら、生き方も変わる

十七歳のとき、やることも食べることも、すべて偏っていました。

スパイラルパーマで、超ミニスカート。

一番、興味があることは、オシャレ。

目まぐるしく変わっていく流行《はや》りを、友達と追いかける女子高校生でした。


食べ方は、本当に極端でした。

油は、すべて悪だと思っていました。ダイエットのために、カロリー制限し、できるだけ油はとらない。

ただ美容のために、旬に関係なく、身体に良さそうな緑黄色野菜ばかりを食べる。

そもそも、何が旬の食材なのか、まったく知りませんでした。

「太るから」という理由だけで、ごはんはほとんど食べない。

気づけば、いつしか白米が大嫌いになっていました。
「おいしいものを食べたい」という、当たり前な感覚や気持ちよりも、「アレは食べてはダメ」「これなら少しぐらい食べても大丈夫かな」と、頭で考えながら食べていました。

私は小さい頃から、食べることも、料理をすることも大好きでした。
でも、食べる喜びや楽しみは、どこかへ消えていました。

当然のことながら、季節の年中行事なんて、面倒くさい、自分には関係ない、と思っていましたし、どんな行事があって、なんのためにするのか、知りたいとも思いませんでした。

そんな私が、まさか……。
ダイエットのことなんか、一切考えずに、好きなだけ食べる。

料理の仕上げに、良質なオリーブオイルをサーッとかけて、そのままいただく。

毎日、旬の食材を中心に、力技で味つけするのではなく、素材そのものを活かす料理をする。

そして、季節の行事を、ご神事《しんじ》や、お祭りごととして祝う料理を作り、四季の命を味わう食べ方になっているとは……。ホント、びっくりです。

季節の循環に合った食べ方に変わったら、人間関係の悩みも消え、ファンデーションで隠していた肌荒れ、将来の漠然とした不安も、全部消えていました。

「私は、今幸せです。これから何があっても、何もなくても、ずっと幸せでいられます」と自信をもって、言い切れます。

私に、いったい何が起こったのか？

人生の転機になったのが、当時、通っていた塾の先生が握ってくれた、おむすびを食べたときでした。塾に通いながら、そのおむすびを約一年間、食べ続け、枯れ果てた心が変わっていきました。

おむすびの力によって、食に目覚めた私は、まずは、自分のごはんを変えました。そして、「将来、こんなおむすびを握れる人になる」と決意したのです。

それから三年後の二十一歳のとき――。

仲間たちと共に、二〇〇六年十一月「御食事ゆにわ」をオープンさせます。

私を救ってくれた先生は、二つのことを大事にしていました。

それは、誕生日と年中行事を、ご神事やお祭りとして、大切にされていたことです。

お正月は、おせちを食べながら、一年間の抱負を語り合い、盛り上がる。

二月の節分には、豆まきを行い、身体の中から厄払いをする。三月のひな祭り。四月にはお花見、五月の端午《たんご》の節供。六月の夏越《なごし》の大祓《おおはらえ》。七月の七夕や、土用の丑の日。

八月のお盆。九月の重陽《ちょうよう》の節供。十一月の新嘗祭《にいなめさい》。十二月のクリスマス、お歳暮《せいぼ》。そして、年越しの大祓で、心身をキレイにし、新年を迎える。

それら年中行事に加えて、スタッフの誕生日には、全員で「生まれてきてくれて、ありがとう」という気持ちを込め、お祝いをしています。

年中行事と誕生日を中心にする食べ方になってから、考え方も、感じ方も、食べ方も、そして生き方も変わりました。

季節の循環の波に乗って、偏《かたよ》らずにバランスがとれるようになり、幸せに満たされるようになりました。

それも、運を良くする『開運ごはん』のおかげです。

旬の食材から、
季節の気を
いただこう

やめることから、はじめてみる

『開運ごはん』の第一歩。それは、古神道《こしんとう》でよく使われる「弥栄《いやさか》」という言葉に隠されています。かつては勉強を教わり、今では料理も教わっている先生から、こう教わりました。

〝「弥栄《いやさか》」は、もともとヘブライ語で神をあらわす「YHWH」、つまり、「ヤハエ」が、「弥栄《やはえ》」という漢字に当てられ、「弥栄《やさか》」に変化して、八坂《やさか》神社の名や、三種の神器《じんぎ》のひとつである八尺瓊勾玉《やさかにのまがたま》の名の由来にもなった。

現在は、「いや、ますます栄える」という意味で、「弥栄《いやさか》」と読むが、これは単なる言葉遊びではなく、暗号なのだ〟と。

「なんの暗号かは、自分で考えなさい」と言われましたが、あれから十年経ってようやくわかりました。

「いや、ますます栄える」の「いや」は、「嫌だ」「NO」の意味の「いや」ではないかと。

どんなにいいことを学んだり、取り入れたり、実践したとしても、嫌なものをはっきりさせて、口に出したり、遠ざけたり、やめなければ、本当の開運はありません。

親にも、奥さんや旦那さんにも、子どもや友人にも、本当に嫌なことを、「嫌だ」とちゃんと言って、やめることからはじめないと、何もはじまりません。

そこでケンカになるかもしれませんし、関係が変わってしまうかもしれませんが、そのとき、未見《みけん》の我《われ》（まだ見ぬ自分）に出会えるのです。

それこそが、〝たましい〟です。

弥栄《いやさか》は〝たましい〟とつながるための暗号だったのです。

自分にとって本当に必要なもの。逆に、必要じゃないもの。〝たましい〟はそれを知っています。ちゃんと、無言のうちに、教えてくれているのです。

でも、嫌だとわかっていながら、（物を）使い続けたり、（人と）関わり続けると、バランス感覚がおかしくなって、鈍感になったり、偏った生き方や働き方や食べ方になってしまいます。

まずは、身の周りの物、ふだん使っている物、食べる物、関わっている人に無関心になるのではなく、嫌だと感じながらスルーするのではなく、自分から嫌だと言ってみたり、自分で思ったことをはっきり口に出して行動にうつしましょう。

ここ一番で
素直になろう

流れを信じて、乗ってみる

「変わろう」と決めた私を待っていたのは、失敗したくない、嫌われたくない、信用を失いたくない、あの人と別れたくない、という恐怖心でした。

高三のある日のこと。

古文の勉強をしていると、『方丈記』の一節が目に留まりました。

「ゆく河の流れは絶えずしてしかも本《もと》の水にあらず」で始まるあの有名な文章です。

その意味は、「川の流れは絶えることなく、そこにある水は同じ水ではない。水の泡は一方では消え、もう一方ではまたできて、長くとどまることはない。まるで人生のよう。朝に死ぬ者があれば夕方に生まれる者がいる。私にはわからない。人はどこからやって来てどこに去っていくのか。いつか死ぬのに、いったい誰のために悩み、なんのために見栄《みえ》をはるのか」といった内容です。

たしかに、『方丈記』の作者、鴨長明《かものちょうめい》の言うとおり、人生は無常で、はかないのかもしれません。

でも、なんだか、納得できません。どうも、その続きがあるような気がしました。無常を超える何かが。

その後、大学生になったとき、先生に※『静寂の瞬間《とき》 ラマナ・マハルシとともに』という一冊の本をすすめられました。そこには、こう書いてありました。

「水は海から立ち昇って雲になり、雨となって降り注ぎ、流れとなってふたたび海へと帰り着く。それが源に戻ろうとするのを止めることは誰にもできない。同じように、あなたから立ち現われた魂が、ふたたびあなたと一つになろうとするのを止めることはできない。たとえ途中で多くの渦に巻き込まれようとも。」

※引用文献…『静寂の瞬間《とき》 ラマナ・マハルシとともに』（二〇〇七）
バーラティ・ミルチャンダニ編 山尾三省／福間巖訳・ナチュラルスピリット発行 P．95より

なるほど、これだ。このほうが私にはしっくりくる。そう思えました。

生きるとは、とどまらないこと、変わり続けること、循環することです。たとえ何があっても、何もなくても、何を得ても、何かを失っても、たましいの炎だけは、けっして消えることはありません。

自分の中の〝たましい〟を、感じてみよう

COMET
換気!

ごはんを、きちんと食べる

私は、ごはんをきちんと食べることで、運がひらけました。
そして、努力してもなかなか開運できない方の特徴として、ごはんをきちんと食べていらっしゃらない方がとても多いということを知りました。

私は、本当の〝食べ方〟を知りませんでした。

きちんと食べるということは、〝朝ごはんを抜かない〟とか、〝三食必ず食べる〟とか〝カロリー制限する〟とか〝栄養価を気にする〟とか、そういうことだと思い込んでいました。中でも一番私を迷わせたのは、食べ物に関する「あれはダメ、これはダメ」という先入観や、世の中にあふれる様々な情報でした。

しかし、本当の〝食べ方〟を知ってからは、先入観に囚《とら》われなくなり、情報に惑《まど》わされなくなりました。自分が口にすべきものと、口にすべきでないものとの区別は自然にわかるようになりました。

私の場合は、化学調味料、保存料、香料、白砂糖をはじめ、感性が鈍感になる成分が含まれる食べ物や、たとえ無添加、無農薬でも、悪い気を感じる食べ物は自然に遠ざけるようになりました。

ですが、私は、基本的に、なんでも食べます。好き嫌いはありません。こだわっているように見えて、出されたものは、なんでも食べるのです。そんなふうになれたのは、食の本質に気づけたからです。

食の本質とは、良い気をいただくために、ごはんを食べること。それはまるで、太陽の光や愛の言葉をパクリと食べるような感じ。食べ物から良い気を吸収することができたら、誰でも、きっと幸せになれます。

そんな私が、ごはんをきちんと食べるために続けていることは、次の三つ。

一、ごはんをおいしく味わえるように、場所を整える。
二、ごはんの良い気をいただくように、心から感謝して食べる。
三、ごはんを一緒に味わえる人たちと、楽しく食べる。

この三つを大切にするだけで、「食の本質は良い気をいただくこと」の意味がわかるようになってきます。

ごはんを食べるときは、
場所を整え
おいしくいただける人と、
楽しく食べよう

気を循環させる

十七歳までの私は、常に、がんばっていないと、不安や恐怖に襲われました。家族や友人、恋人と一緒にいてもそうで、表面的には楽しく笑っていても、心の底、たましいでは、深い幸せや、安心感はありませんでした。

時間の許すかぎり、動き、人に会い、いろいろなバイトや、思いつくかぎりの経験をして、やみくもにがんばることで、不安や恐怖を乗り越えようとしました。しかし、どれほど良い評価を得ても、これで本当にいいんだろうか？　と考えては、さらなる居場所を求めて、転々としました。

漠然とした不安や恐怖を言葉にできず、電車に揺られながら、反対側の窓に映る、なんともいえない自分の顔に、つーっと涙が流れることもありました。

もっと、はるか上の世界がある、いや、あってほしいと、知らず識《し》らずのうちにそう願わずには、正気《しょうき》では生きていけなかったからなのかもしれません。

しかし、がんばることに疲れ果て、何もする気が起きなくなった私は、お世話になりはじめた塾で、食べるだけで、忘れていた笑顔を取り戻すほど、おいしいおむすびを食べるようになり、みるみるうちに回復していきました。

そして、すべての根本的な原因は、自分に気が満ちてないこと、そのためにバランスを崩していると、そのおむすびに教えられたのです。

そこからは、ただひたすら、気を循環させることを優先しました。

気を、誰かから奪う、奪われる、そして使い果たすのではなく、気を、自分の中で生み出し、循環させていく生き方にシフトしていきました。

一番、効率的に、早く、気を補給できるのは、食べ物です。

早く変わりたい人ほど、真っ先に、食べ物を糺《ただ》していくべきです。

まずは、ごはんをちゃんと炊き、出汁をとって、無添加の味噌で、味噌汁を作り、食事をしっかりと味わってみてください。

量ではなく、質。栄養価ではなく、気の良さを、たましいで感じとることです。

私は同時に、交友関係を見直しました。本当に食べ物を変えると、交友関係も必然的に変わってきます。そして、意識的に、あまり関わりたくない人とは無理して関わらないように、その流れをストップしました。

過ごす場も見直しました。汚い場所、気が停滞している場所には、できるかぎり近づかないようにしていきました。それだけで、気を奪われることも激減しました。

もちろん、まったく奪われない、というのはありません。人は気の交換と循環によって生きているのですから。

そうして、自分の気を無駄遣いせず、気がたまってきたら、次は、食器、調味料、家具、服など、お気に入りの物を増やし、大事に使うように心がけました。

数ではなく、流行《はや》りではなく、そのものの〝気〟を感じるのです。そうすれば求める物も自然に変化します。心の底から笑って過ごせるようになるのです。

いい物からいい気を
取り入れよう

からっぽになろう

運と気の関係をシンプルにいえば、

運が良くなっていく人は、周りと気を循環させる人
運が悪くなっていく人は、周りから気を奪う人、または奪われる人

運が悪くなっている人は、与えるよりも、奪う行為が多くなります。それでは、運はひらけません。

愚痴・不平不満を含んだ、おしゃべり、心のざわつきを、そのまましゃべることは、奪う行為にあたります。また、そういった相談を受けたり、ネットなどのネガティブな情報や、気の荒い音楽やテレビを見たり、聞いたりした側はごそっと奪われるので、注意が必要です。

そして、そういった人は、〝場〟からも奪おうとするので、部屋や職場は使いっぱなしで、ごちゃごちゃしていたり、頭の中が考えごと、悩みごとでいっぱいになっている傾向が強いのです。

本来は、奪いながらバランスをとるのではなく、自分の力を抜いて、ゆるみ、与えながらバランスをとれるようになるのがゴールです。そうすれば、運が上がって、問題も自然と解消していきます。


奪う行動になっていたら、いったん手を止めて、仕切り直しです。

ごちゃごちゃと、頭や心に浮かぶ言葉を紙に吐き出すように書き尽くします。

書いたら、あとは、燃やすか、びりびりに破いて、捨ててしまいましょう。

トイレットペーパーに書くと、水に流せるので便利です。そうして、頭の中や心をからっぽにしていくのです。

可能なかぎり、からっぽになったところから、何をするのかを見直します。

使っている空間も、からっぽにしてみましょう。きっと掃除がしやすくなり、頭も心もクリアになっていきます。

私も、からっぽになる過程で、意味や答えを過剰に求めることがなくなり、「必要な時期が来れば実るから、今は土を耕し、水を与え、種を植えよう」そう心の底から信じられるようになりました。

そして、実ったことに対しては「私の力ではない」と、自然に感じます。
関わった人や物、そして、縁を運んでくれたすべてに感謝できるようになりました。

力を抜いて、
ゆるんで、
ゆだねてみる

日常生活にONとOFFをつけない

よく「仕事とプライベートのメリハリが大事」なんて言われます。

でも、私のライフスタイル（働き方）は、その真逆かもしれません。

仕事や家庭のことで悩んでおられる方のお話を伺うと、いつも思うことがあります。それは、ONとOFFのつけ過ぎが問題ではないかと。

以前の私もそうでした。学校やバイトで、もっと認められたいと思って、がむしゃらにがんばっていました。それがONだとしたら、休日はその反動で、何もする気が起きなくなってしまいます。スイッチをOFFにするどころか、ブレーカーがバタンと落ちたような、真っ暗な状態になります。

ちなみに、日曜の夜、テレビアニメ『サザエさん』を見たあとの時間帯から、「明日から、また学校（仕事）かぁ」と憂鬱《ゆううつ》になり、体調不良や倦怠感《けんたいかん》を訴《うった》える症状（サザエさん症候群）があるそうです。

そういえば、私も、休み明けの日はたいてい憂鬱でした。次の休みの日が待ち遠しかったのを覚えています。

短期的にはがんばれても、中長期的にみれば、不幸になるのは明らかでした。十七歳の頃、当時お世話になっていた塾の先生が、三六五日朝から晩まで休みなく働いているのに、ムリをしている様子はみじんもなく、とにかく幸せそうでした。十代の私たちよりも元気そうにしていました。その秘訣が、ONとOFFをつけない生き方にあると知ってから、バカみたいな生き方はやめようと決心したのです。


では、なぜ、ONとOFFはつけないほうが良いのでしょうか。

いのちとは、動くことです。水も、空気も、血液も、細胞も、運命も、生きとし生けるものは、みな、動いています。動いているから生きているのです。

運が、最も良い状態とは、縁が、動いて、つながって、また動いて、めぐって、回って……循環することです。

運も、縁も、循環も、主役は〝心〟です。心の電源をＯＦＦにしてしまったら、再びＯＮにするまでの間、運も、縁も、循環もストップしてしまいます。

だから、心は、常に、ＯＮの状態で、止まらず流れ続けているのがよく、喜び過ぎない、怒り過ぎない、悲しみ過ぎない、楽しみ過ぎない、がんばり過ぎない、反省し過ぎない、厳し過ぎない、優し過ぎない、取り過ぎない、与え過ぎない、というふうに、何事も、「〜し過ぎない」ように生きるのが理想です。

ふと気づけば、私の生活の中からも、ＯＮとＯＦＦとの境目が、だいぶ消えていました。

今は、仕事でもプライベートでも、二十四時間、三六五日、多少の変動はあるものの、同じハイな感覚、同じ熱さ、同じモチベーション、同じリラックスで生きています。

厨房にいても、食材と語り合ったり、料理を盛りつけたり、お客様の誕生日をお祝いしたりしているときは、リラックスと集中との、ちょうど良いバランスの中で楽しんでいます。

コツは、「手は抜くな、力を抜け」

仕事を終えて、自宅でくつろいでいるときも、お風呂に入っているときも、眠るときも、身体は脱力して安らぎながら、心は静かに燃えているのです。

何事も「～し過ぎず」、心をバランス良く保とう

シッポとツノの感覚センサーをONにする

人は誰でも、母親の胎内で、五億年の進化の歴史を体験します。

精子と卵子が受精して、それから、わずか十カ月のうちに、魚類から両生類、爬《は》虫類、哺《ほ》乳類の形態の変化をたどるのです。

そして、ちょうど妊娠二カ月頃の胎児には、シッポがあるそうです。

大昔の話ですが、人間にも、シッポがあったといわれています。

シッポは、バランスをとりながら歩くために必要でしたが、実は、それだけではありませんでした。

土をさわって状況を把握したり、危険を察知するために使われていたのです。

それから人は進化し、シッポがなくても歩けるようになり、また危険が減って、シッポは退化し、消えてしまいました。

また、ヨガの世界では、人間の頭には、「アンタカラーナ」という見えない脳神経が集まった、十センチから十五センチほどの〝ツノ〟があるとされています。人類は、そのツノによって、天候や周囲の変化を感じながら、外敵から身を守っていたといわれています。

現代は、安全に暮らせるようになり、シッポもツノも必要がなくなりました。同時に、感覚センサーも鈍くなってしまいました。

それゆえに、危険なことがあっても、良くない情報が流れ込んできても、受け身で、やられたらやられっぱなし、のような状態です。

事前に察知することなく、散々やられて調子を崩してから、「何かおかしい」「どうしよう」と気づき、焦るわけです。

それは、健康に関しても同じです。

私は、神社で祀《まつ》られている〝ご神体《しんたい》〟と同じように、自分の〝身体《しんたい》〟も、神様が宿る神聖なものだと思っています。

私は「あっ、このままいくと危ないかも……」というのが、何かが起こるずっと前から感じます。

危険のサインを感じたら、すぐに対処します。足湯を長めにしたり、念入りに鼻うがいなどの浄化をしたり、全身をゆるめるマッサージを受けたり。

ゆにわに来られる多くのお客様に「どうして、そんなに毎日元気なのですか？」と不思議に思われます。

もちろん、消耗しないわけではありません。むしろ私は、子どもの頃から身体を壊しやすかったほうです。そんな私でさえも、毎日笑顔でいられる秘訣が、感覚センサー（ツノとシッポ）をONにすることなのです。

だからこそ私は、その日の疲れや不調は、次の日に持ち越さない努力をします。ちゃんとリセットして、万全な状態でお客様をお迎えします。

まずは、ツノとシッポがあると意識して、イメージしてみましょう。それだけで感覚センサーがONになります。

ちょうど頭の上に十センチから十五センチぐらいのアンテナがピンと立ち、尾てい骨の位置にシッポが生えて、下に三十センチぐらい伸びるような感じです。

すると、本当に感覚器官が変わって、鋭くなってきます。

人は良いものに触れたとき、頭の上のツノが、上のほうへ引っ張られて、背骨がすっと伸びるような気持ちいい感覚になります。それが幸せな感覚です。

逆に、悪いものがあると、シッポを握られて、下に引っ張られ、背骨がズンっと重くなるような気持ち悪い感覚になります。これが危険な感覚です。


一見難しいことのように感じるかもしれませんが、「自分は感覚が鈍い」と思っている方も、意識を向ければ、ちゃんと感じられます。

だって、大昔は、人類全員が持っていた能力ですから。

見た目や、聞いた情報だけでなく、目の前の物が発している〝気〟を、シッポとツノが、無意識の領域でちゃんとキャッチしてくれるのです。

感覚センサーを、
呼び起こそう

心に火をつける

ある日、ゆにわに六十代の女性がいらしゃったときのことです。

肩をふるわせながら、ごはんを食べておられました。

その女性は、「ちこさんの本を読むまで、家でごはんを作ることが本当に苦痛だった」と言って涙をぐっとこらえ、ごはんを感謝しながら食べていました。

今まで、四十年間、ご主人のために作っていたお弁当が苦痛でならなかった。

このまま私の人生は終わってしまうのか、どうにかならないのか、と最近は、絶望に等しい気持ちを抱えて、お弁当を作られていたそうです。

そんな中、急にご主人の意にそぐわない転勤が決まります。

その直後に書店で私の本を読み、頭を殴られたような感覚になったそうです。すべての原因は自分にある。自分の作るごはんにあったと瞬時に悟られたそう。

それからは、丁寧に丁寧にごはんを作っていこうという気持ちが生まれ、台所もキレイに一掃。台所に立つ歓《よろこ》びにあふれながら、料理をするようになった、と。

「この本を読んでなかったら、大きな過ちに気づかなかった。食事って、こんなに温かくて、元気になれるものなんですね……」と、おっしゃっていました。


マッチの火は、摩擦《まさつ》を与えることでつきます。

それは人生も同じ。摩擦（目が覚めるような衝撃）が起きることで、心に火がつき、人生が変わります。


私も、いろいろな困難とぶつかっていく中で、塾の先生と出会い、仲間に恵まれました。何もなければ、きっと、出会ったところで、その大切さはわからなかったはずです。あんなに悩んで苦しかったことは、結果として、摩擦を生み出し、心に火を灯《とも》し、人生を変えるきっかけでした。

悩んだこと、嫌だなと思ったこと、どんな過去にも意味があります。不運だと思ったことが、実は幸運のためのきっかけだったということは、そのトンネルを抜けたときに気がつくものです。

そして、不運を幸運の入口にすることができるかどうかは、自分の受け止め方次第です。

私は、起こる出来事はすべて、神様からのメッセージなのだと思うようになってから、いろいろなことを、心から許せるようになりました。

「神様、あの出来事（人）を通じて、私に大切なことを気づかせてくれてありがとうございます」と、心の中で思うだけで、問題やトラブルの摩擦がプラスの気に変換されて、心に火が灯《とも》り、心の闇が消えます。摩擦は〝魔殺《まさつ》〟なのです。

本書でお伝えしていることを実践しても、すぐに変化がなかったり、形にならなかったり、報われないこともあるでしょう。

そのじれったさ、歯がゆさ、苦しみは、理想か現実か、または悟性《ごせい》か理性かのどちらかへの偏りを調整する期間であり、たましいに火を灯《とも》す試練もしくは儀式のようなものです。

マイナスの出来事が起きても、おいしいごはんを食べて、それをプラスの気に変換して、バランスをとりましょう。

しゃがむから、
より高く跳べる
冬を越え、
春を目指そう

神様に応援されるための開運の心得

Keiungohan
written by Tico

Vol. II

IT ALL STARTS
WITH EATING

GOOD
FORTUNE

神様とつながる開運ごはん
Good-fortune meals with our ONENESS

道具と会話しよう

いい道具とは、高価で、高機能な物とは限りません。

やっぱり、生きている道具が一番です。


ある日、お気に入りの鍋を洗っていたときのこと。

シンクの角に鍋をカツンと当ててしまいました。そのとき、とっさに私は「あっ、ごめん」と、言っていました。あまりに自然だったのでしょう。

横にいたスタッフが「店長、今誰にしゃべってたんですか?」と不思議がっていましたが、私にとっては、心の声が〝つい〟出てしまったような感じでした。


私は本当に、〝道具は生きている〟と思っています。自分の分身であり仲間です。

料理はタイミングが命。時間との勝負です。一分一秒の差が、〝普通のおいしいごはん〟で終わるか、感動と共に食べた人の運命を変える〝開運ごはん〟になるか、命運を分けるのです。だから私にとっては、厨房の中は戦場。毎日が命がけです。自分ひとりでは、走り抜けられません。

そんなとき、頼りになるのは、いつもそばにいるスタッフ。

そして、いつも愛用している道具たちです。

それぞれのスタッフには、役割や得意分野がありますが、道具も同じです。味噌汁といえば、この銅鍋。魚をさばくには、この包丁が一番！　というように、それぞれに持ち場があります。

私はいつも心の中で、

「今日は忙しかったね。でも、あとちょっとだから、がんばろ！」

なんて、鍋と励まし合ったり、

「やっぱりキミが焼いた夏野菜は、最高だね！」

と鉄板を褒《ほ》めたり、本当に会話しています。

そうやっているうちに、物がただの〝物〟でなくなり、心を宿します。

そうやって道具と付き合っていると、なんでも長持ちするようになります。使えば使うほど、どんどん味が出てきます。

自分と道具の間にも気の循環が生まれて、愛情をかけるほどに、自分自身も元気になれます。そして、その気がめぐりめぐって料理に宿り、食べた人を笑顔にします。

このサイクルのどこが欠けても、真の『開運ごはん』は作れません。

ですから、道具を選ぶことも、鍋を磨くことも、洗い物も、全部、私にとっては料理の一部です。「食べた人が笑顔になって、開運しますように」という祈りは、道具との対話からはじまるのです。

台所に仲間を増やそう

水を変えよう

人間は、環境を破壊する、唯一の生き物です。

だから、「人類は地球のガン細胞だ」などといわれることもあります。

せっかく進化してきた人類が、歩んできた歴史にこんな評価をくださないといけないなんて、悲しいことです。


でも私は、人類が地球の敵だとは、とうてい思えません。なぜなら、地球の大自然と、人間の身体の仕組みはそっくりだからです。


東洋思想には、「陰陽五行説《いんようごぎょうせつ》」という考え方があります。

形あるものも、見えないものも、万物は、「木《もく》・火《か》・土《ど》・金《ごん》・水《すい》」の五要素で構成されるという考え方です。

地球においては、この五要素の働きによって、水の大循環が起こっています。

水：「海」は水を蓄える。熱で蒸発して雲になる。
金：「雲」は水を浄化する。一部は冷えて雨となり、大地と海に降り注ぐ。
木：「木々」は水を吸収し、必要なところに届ける。
土：「大地」は水を受け止めて、ミネラルを豊かに含ませ、生命を育てる。
火：「太陽」は熱エネルギーによって、このサイクルを指揮する。

という壮大な水の旅路《たびじ》です。五要素のうち、どれが欠けても、機能しません。

実は、体内でもこれとまったく同じような循環が起こっています。しかも、それを「木《もく》・火《か》・土《ど》・金《ごん》・水《すい》」にあてはめると、自然界の役割分担と、人の臓器の役割分担が、見事なまでに符合するのですから、もう驚きです。

人間のあらゆる活動は〝五臓《ごぞう》〟と呼ばれる、次の五要素に分けられます。

水：「腎《じん》（腎臓《じんぞう》・膀胱《ぼうこう》）」は水を蓄え、体熱で気化されて肺を潤す。

金：「肺《はい》（肺・大腸）」は水を発散する（汗など）。一部は体内に戻り、やがては腎に回収される。

木：「肝《かん》（肝臓《かんぞう》・胆嚢《たんのう》）」は水を全身の必要なところに届ける。

土：「脾《ひ》（脾臓《ひぞう》・胃《い》）」は食べ物を吸収する。養分と結び付き、栄養ある豊かな水（津液《しんえき》）となり、生命力を生む。

火：「心《しん》（心臓・小腸）」は全身の熱源となって、このサイクルを指揮する。

人体は、どんなスーパーコンピューターも真似できないような、すごいことをしているのです。それも毎日休まず、さも当たり前かのように。

清らかな水を、めぐらせ続けるのは、何より大切なことです。それが地球にとっても、人間にとっても、いつまでも若く、美しく、健康であり続けるための最大の秘訣なのです。

水の大循環

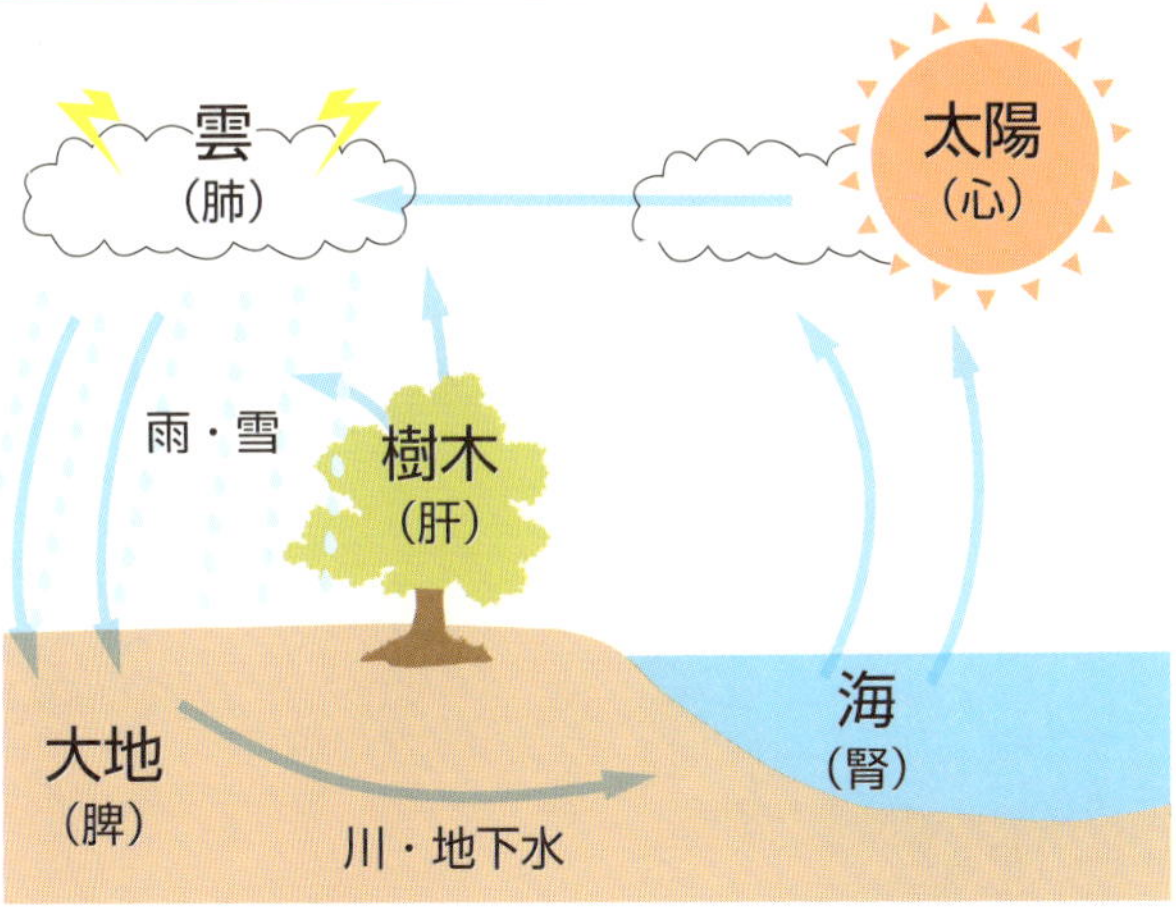

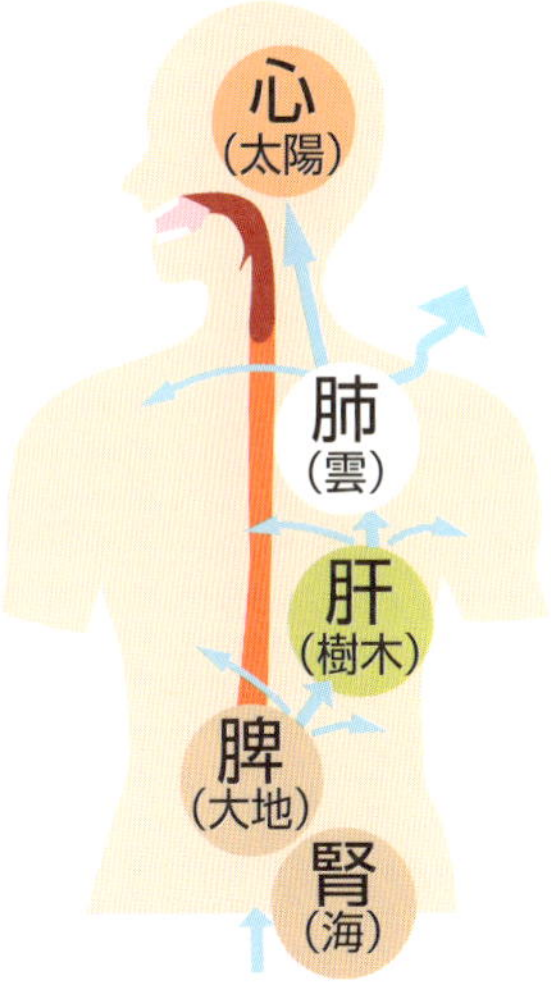

水―腎―海・川……水を出し入れする。
金―肺―雲……呼気を出し入れする。
木―肝―樹木……めぐらせる。解毒。
土―脾―大地……消化、吸収。
火―心―太陽……統括する。熱源。

五行	木	火	土	金	水
季節	春	夏	土用	秋	冬
方角	東	南	中央	西	北
色彩	青	赤	黄	白	黒
五臓	肝臓	心臓	脾臓	肺臓	腎臓
五節供	人日《じんじつ》	上巳《じょうし》	端午《たんご》	七夕	重陽《ちょうよう》
日付	1/7	3/3	5/5	7/7	9/9

五行は
あらゆるものに
あてはめられます

この地球（天）のサイクルと、身体（人）のサイクルの間をとりなすのが、普段、暮らしている家（地）のサイクルです。

家中を〝いい水〟がめぐっていれば、排水は地球環境を汚しませんし、体内の水も自然とキレイになっていきます。

飲み水、料理に使う水はもちろんのこと、お風呂やトイレ、洗面所の水も、あなどれません。例えば、水道水の塩素は、飲むよりも皮膚（粘膜）からのほうが、七倍から十倍も吸収されるという、怖い研究データもあります。

ですから、家全体の水を浄化する浄水器がおすすめです。

私は、自宅にも、ゆにわにも、浄活水器「ウェル21」と、水のクラスター（水分子群）を微粒子化する「ゼロ磁場装置ルース」を、水道管の根本《ねもと》に付けています（ゆにわでは、さらに別の浄水器を数台設置しています）。

風水で一番大切なことは、「キレイな水をめぐらせること」ですから、運気まで良くなるという、おまけつきです。

実際に、家中の水を変えてみた方は、「家の雰囲気が明るくなった」、「良いことが舞い込んできた」と、おっしゃることが多いです。

地球の環境問題も、家庭の乱れも、身体のトラブルも、全部ひとつにつながっていると思っています。極意は水から（自《みずか》ら）、糺《ただ》していくことです。

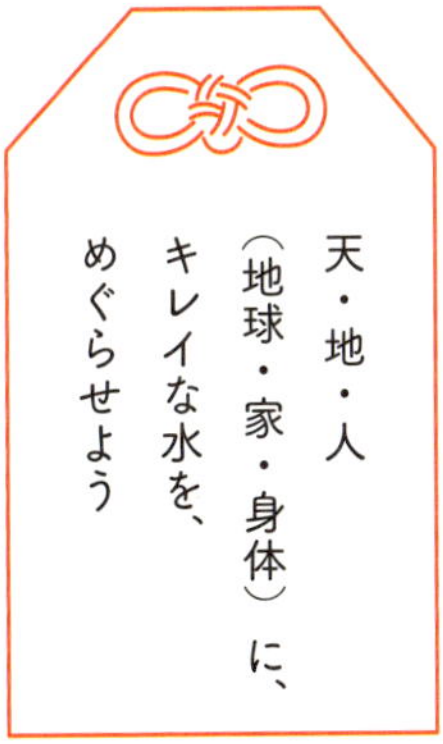
天・地・人
（地球・家・身体）に、
キレイな水を、
めぐらせよう

食材に祈りを捧げよう

子どもは、愛情不足になれば、ひきこもったり、周囲に迷惑をかけるようになります。逆に、愛情をかければかけるほど、子どもは認められた安心感に包まれ、素直に、元気になって、自然と活発になります。

これは、野菜も一緒です。

愛情不足で、寂《さび》しさだらけの食材で作った料理では、お腹いっぱい食べたとしても、どこか空しく、幸せを感じられません。

もちろん、愛されて育った野菜ばかりを使えればいいのですが、限界もあります。

そんなときは、食材にも、愛情を注いで、気を高めることができます。

元気がない野菜も、表情が見えないように感じる食材も、かすかな声なき声に心を向けていると、少しずつ変わってきます。

例えば、農家さんがトマトの苗を植えて、育てる過程をイメージします。そして、トマトに向かって「あなたは、いっぱいいっぱい愛情をかけてもらって、愛されて大きくなったんだよ」と、教えるように、語りかけます。

また、私は料理を作るときに行う、食材への祈りの儀式があります。

胸の前で、食材を高く捧げ、次のように祈ります。

「料理の神様、
○○年○月○日。ただいまより、わたくし、ちこ（自分の名前）は、
この目の前にある、トマトと、なすと、パスタを使って、食べてくださるみなさんが幸せになったり、元気になる料理を作らせていただきます。
どうぞ、よろしくお願いします。

あとは、すべて神様にお任せいたします」

すると、食材がしだいに心をひらき、なんだか光り輝いてくるように感じます。
同時に、私自身も元気になって、幸せな気持ちでいっぱいになります。

食材に気持ちを向けて、お祈りをしていると、食材と自分との間で、気の循環が起きて、気がいっそう高まっていくのです。

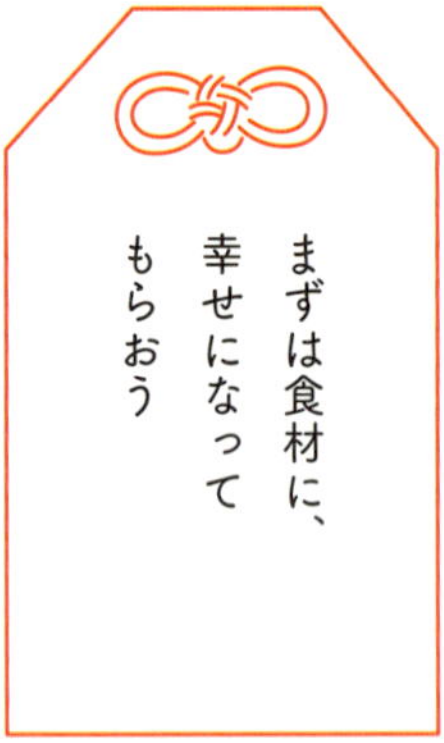

いいことをしよう

私は、草木も人も、根っこが大事だと思っています。

一見すると華やかに咲いていても、根がしっかりしていなければ、すぐに枯れるか、倒れてしまいます。逆に、枯れたように見える古木も、根さえ生きていれば蘇生する可能性があります。

草木が、地中に広がる根に支えられているように、何事も、目に見えるものはすべて、目に見えない世界によって支えられています。

目に見える現象や結果のウラには、必ず背景《バックグラウンド》があるということです。

けれど、ついつい目に見える世界ばかりに、こだわってしまうのが人間です。

形にならないと不安です。結果が出ないと焦ります。でも、それは一時的なものです。それよりも、背景《バックグラウンド》を感じようとすることが大切。

会話は、言葉よりも、そのときの気持ちで決まります。

料理は、味よりも、そこに込められた思いが伝わります。

会話も、料理も、仕事も、恋愛も、相手の深いところに響くのは、表面的な言葉や形ではなく、そのウラにあるものです。

では、『開運ごはん』を支える背景《バックグラウンド》とは？

それは、人の〝たましい〟です。

根っこが弱い植物が短命なように、表面的にごまかした料理では、いつか限界を迎えます。

料理をしているときはとり繕《つくろ》えても、普段の人間関係がボロボロだったり、いつも自分が得することばかり考えていたり、界面活性剤たっぷりの洗剤を使って地球を汚していたら、その背景《バックグラウンド》も、全部料理にうつります。
だから、キレイに盛りつけても、高級食材を使っても、『開運ごはん』にはなりません。

人のたましいがあらわれるのは、むしろ、スポットライトが当たっていないとき。
だからこそ、そのときの過ごし方がカギを握ります。

誰も見ていないところで、いいことをする。
わかってもらえなくても、人のために尽くす。
泥をかぶっても、大切な人を守る。
なかなか結果が出なくても、粘り強く続ける。
そんな日々の積み重ねによって、『開運ごはん』を支える根っこが育ちます。
損するのは悪いことではありません。損した分だけ、魅力に変わります。

理解されない時期も、あっていいのです。闇の中でしか見えないこともあります。
だからといって、自己犠牲的になり過ぎても、潰れてしまいます。そこは要注意。バランスが大事です。ただ、ちょっと過酷な環境のほうが、根っこは強く、太くなるものなのです。

もし、自分には不相応な幸運（結果）が舞い込んできたら、自分だけ満足して終わらせるのではなく、その喜びを誰かにお返しする（循環させる）こと。そうやってバランスをとり、根っこを育てていったら、どんな強風の中でも立っていられる、強い自分になれます。

人の幸せのために、
自分を鍛えよう

年中行事を味わおう

十七歳の頃の私は、行事なんて面倒くさい、古くさい、と思っていました。

「おせちは味気《あじけ》ないし、普通のごはんでいいじゃん……」

「七夕なんて、どうせ迷信でしょ……」

とすら思っていました。今思えば、ほんと、バチ当たりです。


日本人が大切にしている感性は、年中行事と、季節の伝統料理によって、守られ、受け継がれてきました。

大和魂《やまとだましい》も武士道も、和の心も、おもてなしの精神もそうです。

散りゆく桜の潔《いさぎ》よさは、まさに武士の生き様です。

冬をじっと耐《た》え忍《しの》ぶところも、決して派手すぎない咲き方もそう。だから日本人は桜を愛してやみません。

日ごとに彩《いろど》りを変えて、見る人を飽《あ》きさせない秋の紅葉は、おもてなしの精神そのものです。

目には見えない、言葉にもできない〝感性〟を、時間も空間も超えて、受け継いでいくのは、並大抵のことではありません。けれど、不可能とも思えることを可能にするのが、日本の年中行事と、それにまつわる伝統料理です。

正月には、おせち料理。節分には、恵方巻《えほうまき》。ひな祭りには、ちらし寿司。子どもの日には、柏餅《かしわもち》やちまき。七夕には、そうめん。十五夜には、お団子。七五三には、千歳飴《ちとせあめ》。冬至《とうじ》には、かぼちゃ。年末には、年越しそば。

知れば知るほど、語り尽くせないほどの意味があります。その背景《バックグラウンド》には、日本人が二六〇〇年以上も連綿《れんめん》と受け継いできた、神様や大自然への感謝、家族の安泰《あんたい》、子孫繁栄、平和への祈り、すべてが埋め込まれているのです。

日本の伝統行事、食文化が失われるのは、日本人の感性そのものを失ってしまう危機です。だから、守りたいと、私は思います。

もちろん、異国の文化も柔軟に受け入れて、日本の風土に合わせて融合させるのは、日本人が得意とすることです。ただ、行き過ぎるあまり、その奥に眠る〝たましい〟まで失ってしまうのは、悲し過ぎます。

この本を読み、数多くの年中行事に乗っかって、ごはんを作り、料理を味わい、楽しんでみてください。

そうすることで、あなたの血脈に眠るご先祖様たちの〝思い〟につながり、自然と感性がチューニングされます。それこそが、開運の秘訣です。

年中行事で、
たましいに
火を灯《とも》そう

四季の神様をお招きするための作法

Kaiungohan
written by Tico

Vol. III

IT ALL STARTS
WITH EATING
GOOD
FORTUNE

神様とつながる開運ごはん

Good-fortune meals with our ONENESS

春
芽吹きゆく
SPRING

雪解け水が流れゆく
川のせせらぎ
固い蕾《つぼみ》が　ほころびはじめ
芽吹く色彩の発露《はつろ》
躍動《やくどう》する息吹《いぶき》に
めざめる生き物たち
人の世も　めぐり新しく
出会いを経て

生き方が変わり
まわり　まわる
和
輪
話
つながる　いつか
どの道を経ても　感じる柱
あなたの可能性が花ひらく

立春に誓いを立てよう

二月四日頃は、立春にあたります。

その前日の節分に豆まきをして、鬼を追い出し、新しい年の準備をします。

豆まきは「魔《ま》を滅《めっ》する」という意味を持ち、悪を祓《はら》うパワーがあるとされています。

また、「まめまめしく働く」といういわれもあり、炒《い》った豆を食べる、と一年間健康に過ごすことができるとされています。

ゆにわでも、豆まきをとても大切にしています。

スタッフと一緒になって、かけ声をかけ、家の中から魔物を追い出していきます。

そもそも立春は、季節の年中行事の中でも、特別な日です。

なぜなら、〝二十四節気《にじゅうしせっき》〟という、太陽と月の動きを基本にした「太陰太陽暦《たいいんたいようれき》」で、一年間を二十四に分けた最初。すなわち、旧暦の元日、一年のスタートになる日だからです。

旧暦は、自然の〝気〟の流れに対応しているので、新暦よりも、精神、気持ち、感情に影響を与えやすい季節のサイクルなのです。

物事のすべては、「はじまり」が大事です。

はじまりが、すべてを決定づけます。

生年月日を見る、九星《きゅうせい》や干支《かんし》などの占いは、その人の「はじまり」を見る学問です。

生まれた日の天体の配置から〝気〟の流れを、読み解いていくもの。

私は立春になると、心をクリアにし、新たな一年の良いイメージを持ちながら誓いを立てます。

「本年も一年間、神様の御用にお使いくださいI」とお祈りしたあと、ごはんを食べる人の幸せな顔を思い浮かべます。そして、この一年間で何を成し遂げたいのか、どんな自分に成長したいのか、周りにどんな貢献ができるのかを考えます。

そのうえで、次の二つを明確にします。

【悟性《ごせい》】どのような理想を掲げて、目指すゴールは何か?
【理性】現実的な課題として、具体的に何をやるのか?

一年のはじまりである立春に、この二つを定めることで、誘惑に負けてしまう弱い心、将来への漠然《ばくぜん》とした不安、変化への恐怖心などの心中《しんちゅう》の魔を滅し、悟性と理性のバランスをとって、まめまめしく働くスタートを切るのが、立春なのです。

食卓で関係を深めよう

ゆにわのあるビルの四階と五階には、私が卒業した大学受験塾があります。二月、三月になると、全国からたくさんの受験生たちが入塾してきて、にぎやかになります。

塾生たちは、朝、昼、夜と、大きなテーブルでスタッフと一緒にごはんを食べます。多いときは、ひとつのテーブルで十五人くらいが食卓を囲みます。はじめは、びっくりして、戸惑《とまど》う子たちも、

「こんなに大勢で食べたことがないけど、みんなで食べるとおいしいですね」

と笑顔で話してくれます。

そして、時にはいろんな悩みの相談に乗ることもあります。

あるとき、受験生の女の子から、スタッフがこんなことを相談されました。

「今まで、なかなか友達ができなかったんですが、どうしたらいいですか?」

その子は「アレは食べられない」「コレは食べちゃダメ」と、好き嫌いがとても激しい子でした。

スタッフは、そんな彼女に、ひと言。「それでは、友達ができないかもね」


実は、食べ方と、人間関係の付き合い方は、よく似ています。

食に無頓着《むとんちゃく》な人は、人の気持ちにも無関心なことが多いようです。

また、食の好き嫌いの偏《かたよ》りが激しい人は、周囲への偏見が強く、関わる人も偏っていることがほとんど。


今は食べる物が、なんでも自由に選べる時代であるがゆえに、好みが偏りやすく、しかも変える必要を感じないのでしょう。

食べ物の好き嫌いは、過去の経験や、思い込みが作ります。

本当は、おいしいのに、「昔、食べてまずかったから、もう食べない」「自分の体質には、合ってない」と、決め込んでいる人は多いものです。

その偏《かたよ》りは、知らず知らずのうちに、人間関係にも影響します。

本当は、いい人なのに、「昔、仲良くなって嫌な思いをしたから、もう関わりたくない」「あの人は、自分とは合わない」と、決め込んでしまうのです。

私は、昔から、人と仲良くお付き合いしようと思ったら、ごはんが関わってくるものだと思ってきました。

おいしいごはんを囲めば、心の距離もぐっと近くなるし、緊張もゆるんできます。それに何よりも楽しい。

もし、この人ともっと仲良くなりたいなと思ったら、おいしいごはんを一緒に食べることです。おいしいごはんの前では、どんなことも話すことができて、あなたとお相手の心がきちんとつながります。

口内と頭皮の浄化を習慣にしよう

春は、冬の寒さから固まっている身体が、あたたかな日差しを受けてゆるむ頃です。知らない間に、体内に蓄積された邪気を流すには、絶好の機会です。

邪気というのは、人から、物から、場所から、あらゆるところから侵入し、自分の中にたまっていきます。

邪気は、心と身体に悪影響を及ぼすだけではなく、不運の原因にもなります。

邪気がたまると、小さなことでイライラしたり、考え方がネガティブになったり、人を疑いたくなったり、焦ったり、信頼関係を失うような失敗をします。

私は、身体に邪気がたまらないように、毎日、浄化を欠かしません。

日常生活のひとつひとつが禊《みそ》ぎの儀式です。

朝、出かける前、帰宅後には、必ず鼻うがい。

さらに口内ケア、お風呂での頭皮ケアを習慣にしています。

『開運ごはん』を作るには、特に、口内ケアは大切です。

自分の舌で、何度も確認しながら、料理を作っていきますが、口の中が浄化されて、キレイでないと、食材の味もぼやけてしまい、おいしい料理が作れません。

一般的な市販の歯磨き粉の多くは、歯を清潔に保つものとは関係のない成分が含まれています。

発泡剤として使われているラウリル硫酸ナトリウムは、シャンプーや台所洗剤にも使われているのです。それだけではありません。他にも保湿剤、香味料、研磨剤など、身体に良くないものが含まれています。

そんな成分が含まれている歯磨き粉は、口内粘膜《ねんまく》、特に舌下《ぜっか》から吸収しやすく、ダイレクトに血管に入って、わずか十五秒で心臓に達します。

また、歯磨き粉の合成界面活性剤は、舌の表面の味を感じる味蕾《みらい》（味を感じる器官）の感覚を鈍くしてしまいます。

歯磨きの際は、天然塩か、天然のハーブから抽出された成分を含むものをおすすめします。

私が使っているのは、天然塩と、天然のハーブから抽出された成分を含む「大地と海の歯磨き粉」、天然材料一〇〇％で、飲み込んでも安心な「オーラルピース」です。「なんか身体が重いな」と感じたら、邪気がたまっている証拠かもしれません。放っておくとどんどん蓄積されますから、鼻うがいや口内ケアと、頭皮ケアをして、心身をキレイに整えましょう。

では、具体的な方法をご紹介します。

■口内ケアの作法

身体にたまった邪気は夜寝ている間に、最も出ていきやすいといわれています。朝の口内は、一番邪気がたまっているので、食べたり飲んだりする前に、必ず口内ケアをしましょう。次のケアを行うと口の中がすっきりとして、料理の味もよくわかるようになります。

【準備するもの】

クエン酸　小さじ二分の一
重曹　　　小さじ二分の一
歯ブラシ（磨き用）
歯ブラシ（やわらかめ・歯茎《はぐき》用　おすすめは、KENT《ケント》の天然毛歯ブラシ）
歯間ブラシ
歯磨き粉（できれば大地と海の歯磨き粉や、オーラルピース）
舌クリーナー
天然塩（おすすめはキパワーソルト）　適量

【口内ケアの方法】

一、舌苔《ぜったい》を、舌クリーナーで軽く落としていきます。

二、クエン酸と重曹（各小さじ二分の一杯）をコップの水に混ぜて、口をすすぎます。

三、歯間ブラシで汚れをとっていきます。歯のすき間にたまる汚れをとらないと雑菌が増えるので、特に念入りにします。

四、歯ブラシに、歯磨き粉をつけて丁寧に磨いていきます。

五、次に歯茎《はぐき》のマッサージ。柔らかい毛の歯ブラシに天然塩を適量付けて、丁寧に優しくブラッシングしていきます。その後口内をすすぎます。

一から五の順番で、夜寝る前に行うのがおすすめです。

朝は、一、二、四を順に行います。

学校や職場などで、昼にまとまった時間がとりにくい場合は、二と四を行うと良いでしょう。


自分の中から邪気が抜けていくイメージで、行ってみてください。

■頭皮ケアの作法

頭は、老廃物と邪気がたまりやすいところです。

頭皮ケアを怠《おこた》ると、老化が促進されてしまうといわれています。

頭皮のケアは、若さを保つ要《かなめ》です。

頭皮は顔の表情を作る皮膚とつながっています。頭皮をマッサージすることで、シワやたるみをとるリフトアップ効果があります。

【準備するもの】

シャンプー（おすすめは薬草バイオ全身シャンプー、パーフェクトシャンプー、大地の力シャンプーのいずれか）

天然塩（おすすめはキパワーソルト）

【頭皮ケアの方法】

一、髪の毛の長い方はブラッシングして、毛先の絡《から》みなどをとっておきます。

二、ぬるま湯で予備洗いをして、髪の汚れを落とします。

三、泡立てたシャンプーで、髪の毛の表面の汚れを洗っていきます。

四、両手で頭皮をマッサージするように、頭をつまみながら、**「どうか私の頭の邪気をとり祓《はら》ってください。頭をベストな状態に、お守りください。よろしくお願いします」**と唱えて、邪気を祓うイメージをします。

五、リズミカルにもみほぐしながら、頭皮に刺激を与えて、終わったらすすぎます（薬草バイオ全身シャンプーかパーフェクトシャンプーならば、すぐに洗い流さずに、湯船に浸かり、しばらくしてから流しても良いでしょう）。

三月三日・桃の節供に生まれ変わろう

「一は二を生じ 二は三を生じ 三は万物を生ず」という言葉がありますが、三月三日の「桃の節供（ひな祭り）」は、新たなものが生み出されるという言い伝えがあります。

それは、日本の神話にも描かれています。

はるか昔、ある男の神様と、女の神様が生まれました。
男の子の手には、木の実がしっかりと握られていました。
その実を植えたところ、三年後の三月三日に、立派な木に成長し、たくさんの百《もも》の花が咲き乱れました。

この木は「桃《もも》」と名付けられ、男女の神様はそれぞれ、桃雛木《モモヒナギ》の神様、桃雛実《モモヒナミ》の神様となりました。

そして、成人した年の三月三日に結婚し、その後、新たな神々がたくさん生まれました。

その神話が、ひな祭りの起源といわれています。

三月三日は、桃が咲く季節でもあったことから、「桃の節供」と呼ばれるようになりました。

女の子が産まれると雛人形を家に飾ります。それは、災いを雛人形に移して、厄祓《やくばら》いをし、健やかに育つことを願ってお祝いするための儀式です。

その雛人形は、ひな祭りが終わってから、すぐに片付けたほうが良いとされています。それは、その年の厄をうつした雛人形を飾り続けることは、縁起《えんぎ》が悪いという考えからきたものですが、人間を守ってくれた雛人形にもたましいがあります。雛人形に、心から感謝しながら、飾り、盛大にお祭りをし、片付けたいものですね。

ところで、年中行事の中には、「うつし」という考えと手法があります。願いを縁起の良い言葉に当てたり、形や色に意味を込める儀式です。

例えば、桃の節供に、よく食べられている、ちらし寿司。ちらし寿司の中にある、腰の曲がった海老は、長寿の神様である恵比寿《えびす》様や寿老人《じゅろうじん》をあらわし、レンコンは「見通しの良さ」を意味することから、体内の毒素を排出してくれる作用もあります。

ゆにわでは、七福神にちなんだ七種類の食材（大根、レンコン、ごぼう、きゅうり、人参、椎茸、生姜）を使って、自家製の「福神漬」を加えています。

寿司酢には、白砂糖を一切使わずに、天然の「きび砂糖」を使用しているので、自然の優しい甘みが、口の中いっぱいに広がります。

このように、神様の縁起《えんぎ》にあやかって、ちらし寿司を作るのです。

ちらし寿司にたくさんの具材を混ぜるのは、大人になっても「食べ物に困らないように」という願いが込められているそうです。

そういった背景《バックグラウンド》を感じながら、ちらし寿司を食べたなら、自然と感性は刺激され、新しいことをはじめる流れを作ることができます。

また、入学や入社など人生が変わるタイミングには、無意識に変化することを恐れ、過去の悪いクセが出たり、同じ失敗パターンを繰り返すといった流れが発生しやすくなります。

そんな春の時期に、すごく効果的なのが桃の儀式です。

日本神話の中に、イザナギが、黄泉の国から逃げ帰ってくるときに、桃の実を投げて、化け物たちを退け、助かったという説があります。

実は、この話、桃を使って、自分の中にある過去からの悪いクセや、失敗パターンを追い払い、新しい世界へと進む自分になるための通過儀礼のようなものです。

私も桃の節供のときに、この儀式を行います。

桃をイメージして、古い自分を祓い、新しい自分に生まれ変わるための準備ができるので、とってもおすすめです。

【桃の儀式】

一、過去、自分が傷ついたこと、嫌だったこと、失敗した体験、自分の悪いクセを思い出していきます。

そのひとつひとつを自分の中から取り出し、黒い人形（自分の影）にして、目の前に立たせるイメージをしていきます。

二、過去を振り返り、とってもうれしかったこと、うまくいったこと、成功した体験、などを思い出していきます。

三、またそのひとつひとつを、自分の中から取り出して、胸の前で、おむすびを握るように、光り輝く黄金の桃を作るイメージをしていきます。

四、その黄金の桃を、目の前の人形（自分の影）に、思い切りぶつけて、消し去ります。

五、最後に、また同じように黄金の桃を作り、今度は黄金の桃を食べ、自分が光に包まれているように思い描いていきます。

これで古い自分と決別し、新しい自分に生まれ変わりました。
黄金の桃に感謝して、桃の儀式は終了です。

コラム　運気を上げる春の食材

春は冬の不摂生《ふせっせい》が出やすくなるので、旬の食材からいい気を取り入れましょう。

この時期は、菜の花やふきのとうといった山菜が手に入ります。少し苦いですが、栄養価も高く浄化作用もあります。菜の花や山菜は天ぷらやお浸し、和え物やさっと湯がいて、味噌をつけたりすると苦味を生かした、品のある味に仕上がります。

また、春キャベツや新玉ねぎ、新じゃがいもは甘味が増しておいしい季節です。土鍋の中で蒸らしたりすると野菜の旨味があふれ出して、塩やしょうゆを少し加えるだけでもおいしくなります。肉や魚、きのこなど、その日の食材と組み合わせて、毎回違う味を楽しんでみてください。

■春の旬の食材：筍、ふきのとう、たらの芽、わらび、ニラ、春キャベツ、いちご、そら豆、うど、よもぎ、菜の花、カリフラワー、水菜、小松菜、春菊、せり、セロリ、野沢菜、あさり、ふき、ブロッコリー、さやえんどう、さより、はまぐり

夏

生命力ほとばしる

SUMMER

梅雨が転じて開けるや否や
映《は》える青空
まぶしい太陽
悠然《ゆうぜん》とながれる白い雲
湧《わ》き立ついのちは みな
勢いよく伸びていく
こころに茂った雑草も
すくすく　すくすく

そっと感じてみて
あなたの胸に燃える〝火〟を
心の雑草 はらわれて
あなたの〝たましい〟あらわれる

素肌ケアで、すっぴん力を高めよう

私は、高校生の頃、たくさんのニキビを、厚化粧で隠していました。良くないとは感じながらも、ボロボロの心を覆い隠すように、塗り重ねていました。すると、最初は楽しかったはずのお化粧がだんだんと、「やらなきゃ不安」という、仮面になっていきました。

今でも、よく覚えている出来事があります。

塾に入ったばかりの頃、先生の奥さんをはじめて見たとき、衝撃が走りました。

まるで、化粧品のポスターから飛び出してきたようなキレイな肌と美しさ。ツヤもハリもあって、実年齢より確実に二十歳は若く見えるようでした。

さらに驚いたのは、お化粧をしていなかった、という事実でした。

私は奥さんから、お肌のケアについて教わりました。

当時は、質の悪い化粧品しか出回ってないから、つけないほうがいいというのです。

価値観がガラッと変わりました。たくさん塗り重ねて、本当の自分を隠すのではなく、そのままでも美しい人になりたい、そう思いました。

素肌は、その人の生き方そのものだと感じるようになりました。

何もしていないキレイな素肌に、内側からあふれる美しさ、若々しさを感じ、それならと思い切って、厚塗りのファンデーションも、アイシャドーも、口紅も、きっぱり、ゴミ箱に捨てました。


もちろん最初は、その先が不安でしたし、恥ずかしい気持ちもありました。

でも、浄水されたキレイなお水でちゃんと洗って、丁寧にケアをしていくと、ウソのようにニキビが消え、肌が深い呼吸をしはじめたように感じたのです。

それまで、悲鳴をあげていた肌が、どんどん強くなり、キメが整いはじめました。

このとき、水やごはんも変えている最中だったので、腸の働きも良くなりました。

大幅に変えたことが大きかったのでしょう。

今は、お化粧道具も、ほとんど持っていません。

必要なときは、信頼する美容師さんに軽くポイントメイクをしてもらう程度です。当時に比べると、天然素材の化粧品も増えたので、特別な日には、お化粧をする機会もあります。

でも、一番は素肌です。

素肌が輝いていれば、多くの化粧品は必要ありません。

そんな私の美容法は、いたってシンプル。

【準備するもの】

天然素材の石けん（おすすめは、お茶石けんフォーラなど）
ココナッツオイル
化粧水もしくはゲルクリーム（おすすめは、エバメールゲルクリーム）
保湿クリーム（おすすめは、真温《まほか》クリーム）
日焼け止めクリーム（保存料の入ってない天然素材のもの）

■すっぴん力を高める、美容法

一、水で、予備洗いをし、石けんを十分に泡立てて、優しく汚れを泡に吸着させていきます。
次にゴシゴシと力を入れず、なでるように優しく、洗い流します。

二、洗顔後、顔にココナッツオイルを軽く伸ばし、化粧水もしくはゲルクリームを塗ります。
先に少量のオイルを使うのは、油分でコーティングして、水分を保持するためです。
三、そのあと、お気に入りのクリームで保湿をします。
四、最後に、肌に優しい、日焼け止めクリームを塗って、紫外線から肌を守ります。

ごく簡単なお手入れ方法ですが、最大のポイントは、キレイな水を使うこと。
次に、肌に優しい天然成分の石けんやオイル、クリームでケアすることです。
食事で大切なのは、水と油。肌のケアも、同じですね。

五月五日・端午《たんご》の節供で強い自分に成長しよう

緑まぶしい季節。新暦で五月五日頃は、立夏《りっか》にあたります。さわやかな風に、鯉のぼりがたなびく、端午《たんご》の節供です。

端午は、物事の端《はし》、つまり「はじまり」を意味しており、生まれ変わった気持ちで、新たなスタートを切る、大切な時期です。

鯉のぼりは、上から順番に黒の〝真鯉《まごい》〟、赤の〝緋鯉《ひごい》〟、青の〝子鯉《こごい》〟となっていますが、黒の真鯉の上にある、五色の〝吹流し《ふきながし》〟にこそ意味があります。

実は昔、鯉のぼりは鯉ではなく、この吹流しのみをあげていたそうです。諸説はいろいろあるそうですが、吹流しの色に「陰陽五行」が象徴されているといわれています。

陰陽五行では、大自然のすべての気が「木《もく》・火《か》・土《ど》・金《ごん》・水《すい》」で作られていると考えられています。

緑色の〝木〟の気は、〝守り〟の源。
赤色の〝火〟の気は、〝表現〟の源。
黄色の〝土〟の気は、〝魅力〟の源。
白色の〝金〟の気は、〝行動〟の源。
黒色の〝水〟の気は、〝学習〟の源。

端午の節供は、別名「菖蒲《しょうぶ》の節供」ともいわれます。
「菖蒲」が「尚武《しょうぶ》（武を重んじる）」と同じ読みであること、また菖蒲の葉の形が、剣を連想させることから、勝負に勝つ立派な男に成長するためのお祝いになりました。

勝負に勝つには、五行の五つの気の、「守り」「表現」「魅力」「行動」「学習」、このすべてが、バランス良く必要です。どれかひとつに偏《かたよ》ったり、欠けていては、勝負に勝てません。

ゆにわでは、五つの気をいただき、勝負運を上げて、立身出世《りっしんしゅっせ》や開運を祈る「牛しぐれ巻き」を作ります。

牛は、昔から、厄病《やくびょう》を祓《はら》う神様や、道をひらく神様として祀《まつ》られています。

牛肉を使うことで、さらに新たに道をひらく力と運を高めてくれる、『開運ごはん』となるのです。


これは、普段の料理にも応用できます。

緑、赤、黄、白、黒の五色（五行の気）を意識して取り入れてみたり、また、牛肉は、良い方向へ導き、成長をもたらしてくれる、ありがたい食べ物なんだと、見立てて使ってみましょう。

ちなみに、ゆにわの牛しぐれ巻きは、緑を青菜のナムル、赤を人参のナムル、黄を出し巻き卵、白をきゅうり、黒を牛しぐれ煮、として五行の気に見立てています。

緑色・青菜のナムル
白色・きゅうり
黒色・牛しぐれ煮
黄色・出し巻き卵
赤色・人参のナムル

七月七日・七夕で生まれてきた意味を知ろう

ゆにわがある大阪の枚方《ひらかた》市は、七夕伝説の発祥の地として知られています。

七夕には、織姫《おりひめ》と彦星《ひこぼし》の物語があります。

もともと、織姫（織女《しょくじょ》星）は、琴《こと》座のベガと呼ばれ、裁縫《さいほう》の仕事を司《つかさど》る星。

彦星（牽牛《けんぎゅう》星）は、わし座のアルタイルで、農業の仕事を司る星です。

この二つの星が七月七日に、天の川をはさんで最も光り輝くように見えたことから、一年に一度のめぐり逢《あ》う日として、七夕伝説が生まれたそうです。

日本人は昔から、七夕には、神様をお迎えするため、女性が着物を織って奉納し、秋の豊作を祈り、穢《けが》れを祓う儀式をしていました。

それは、織物を天に捧げることが、織姫の天命だったことに由来しています。

七夕伝説では、織姫は彦星と楽しい日々を過ごしているうちに、授かった天命を忘れて、遊んでばかり。機織《はた》り機には、ホコリがかぶって、彦星が飼っていた牛もやせ細っていきました。それを嘆いた神様は、二人を引き離し、年に一回だけ、再会することを許しました。

そう、七夕の本来の意味は、見失った本来の自分を取り戻す戒《いまし》めでもあり、自分が生まれてきた天命を思い出す日なのです。


また、七夕のときには、短冊に願い事を書く風習があります。

それは、天命を思い出す大事な儀式です。

忙しい日々からいったん離れ、本当の自分と向き合い、なんのために生まれてきたのか？　本当は何をやりたいのか？　真の願いは何か？

それらを問いかけて再認識し、文字にして宣言するのが、本来の七夕の意味なのです。

コラム　運気を上げる夏の食材

夏は草花が開花し、青々と生い茂る、まさに活動的なエネルギーに満ちています。

夏の旬の食材は季節を象徴するような赤い食材です。

おすすめはトマト。少し酸味があって、体温を冷やす役割もあります。

私は新鮮なトマトが入手できたら、そのままミキサーにかけてトマトジュースにしたり、冷たいカッペリーニパスタを作ったり、厚切りにしたトマトにオリーブオイルと塩、あればバジルやルッコラを合わせます。素材の持つ甘味や酸味がぎゅっと濃縮されていて、何度でも食べたくなります。

また、きゅうりは水分を多く含んでいるので、夏のほてった身体を内側から冷やしてくれます。鮮度の良いきゅうりはつぶつぶがついています。できるだけ良いものを食べたいですね。

枝豆は、血液の循環を高めてくれます。夏バテで胃腸が弱っているときは、塩をふった枝豆を食べると、消化を助けてくれます。

夏の土用の期間には「うなぎ」を食べる風習がありますが、滋養強壮の働きがあり、体力が落ちているときには積極的にとると良いでしょう。

■夏の旬の食材：スイカ、青とうがらし、明日葉、いんげん、おくら、かぼちゃ、きくらげ、ししとう、しそ、ズッキーニ、つるむらさき、冬瓜、とうもろこし、なす、ニガウリ、にんにく、はしょうが、パプリカ、ピーマン、みょうが、モロヘイヤ、ヤングコーン

土用の丑の日に、ウナギを食べるのはどうして？

中国から伝わった陰陽五行説では、春は「木《もく》」の気、夏は「火《か》」の気、秋は「金《きん》」の気、冬は「水《すい》」の気、そして季節の変わり目は「土《ど》」の気に支配されることから土用《どよう》と呼ばれています。

土用の期間は、立春（二月四日頃）、立夏（五月五日頃）、立秋（八月七日頃）、立冬（十一月七日頃）の前のそれぞれ約十八日間ですが、いずれも、天から降り注ぐ気が強すぎて、ボーっとしたり、体調を崩したりしやすい時期とされています。

土用といえば、江戸時代から、夏の土用の丑《うし》の日にウナギを食べる「土用丑《うし》」が有名です。

そもそも、丑とは、十二支の「子《ね》、丑《うし》、寅《とら》、卯《う》……」の丑のこと。丑（正確には丑寅《うしとら》＝東北）の方位は、鬼門《きもん》と恐れられていますし、丑の刻《こく》（深夜一時から三時）に憎《にく》い相手を呪《のろ》う丑の刻参《こくまい》りや、幽霊が出やすい時間帯とされる丑三《うしみ》つ時《どき》（深夜二時から二時半）など、とかく丑には怖いイメージがあります。

実は、丑は、丑の方位にも、丑の時間にも、人生を根本的に変えるほどのとてつもないパワーが隠されています。

昔の権力者はその活用法を知っていて、そのパワーを独り占めしてきました。

丑の字の語源は、「植物が地中にあって、屈曲《くっきょく》して伸びかねている」とあるように、屈曲《くっきょく》、歪曲《わいきょく》した気が充満して、今まさにブレイクする寸前の状態をあらわします。

では、ウナギの旬は冬にも関わらず、なぜ、夏の土用の丑の日に、ウナギを食べるようになったのでしょうか？
それは「ウナギ」＝「ウ」＋「ナギ」に、秘密が隠されています。

まず「ウ」ですが、「有《う》」、「宇宙」、「生まれる」、「動く」、「浮く」、「蠢《うごめ》く」から連想されるように、また、日本固有の神代文字で書かれた『ホツマツタエ』で、「ウ」が根源神、天之御中主《アメノミナカヌシ》をあらわすように、「ウ」はすべてのはじまり（ビッグバン）を象徴するコトダマです。

次に、「ナギ」ですが、ナギといえば、イザナギ、イザナミですね。両神は、「ナギ」と「ナミ」とで対《つい》の関係になりますが、それらを、「凪《なぎ》」と「波《なみ》」として考えるとわかりやすいでしょう。

「凪《なぎ》」は、波が止まった状態。「波」は、動いた状態です。
「丑」の意味が気が充満し、ブレイクする状態をあらわすように、「ナギ」もまた、今まさに気がブレイクする寸前をあらわしているのです。

つまり、「丑」も「ウナギ」も、いまだ現象化していないが、気の極限状態をあらわしているということです。何もウナギにばかりパワーが宿っているわけではありません。あくまでウナギは象徴（シンボル）ですから。
そう、すべての食材には気が宿っています。だから、その気を活用すれば、つまり、ちゃんとごはんを食べていれば、生きているだけで、勝手に開運するし、幸せになるし、望めば悟りも開けます。

悟りとは、未見《みけん》の我《われ》、まだ見ぬ自分、すなわち〝たましい〟が目覚めることです。

秋
深く実る
AUTUMN

色づく紅葉《もみじ》
銀杏《いちょう》の小道をかけぬける
黄金《こがね》に染まった田園に
稲穂が頭《こうべ》をたれている
おいで おいで
実りのときを おしえるよ
良いことも 悪いことも
たくさんの軌跡《きせき》を経て 奇跡《きせき》にかわる

支えてくれた人と人
知らずにつながっていたもの
たくさんの愛を「ありがとう」
愛はまたカタチを変えて
次代につながっていく

大地とつながろう

運が良くなるために、必要なことは二つ。
それは〝浄化〟と〝充電〟です。

浄化には、さまざまな種類がありますが、簡単にできる方法が、自然の力を借りることです。自然に触れるだけで、心身の邪気を抜くことができます。

秋は収穫の季節。大地は、実りの気に満ちています。
お米も、野菜も、果物も、大地の気を吸収して大きくなるのですから、私たち人間も、ぜひその恩恵を受けましょう。

大地とつながることで、体内にたまった邪気を流し、同時に大地の気を充電することができます。
ここでは、その方法をご紹介します。

■大地とつながる浄化充電法

一、空気の良い山や森に行き、気持ちの良い場所を見つけます（近所の公園や自宅の庭でも、土があれば可）。

二、気持ちの良い場所を見つけたら、しゃがんで素手と素足を地面につけて、身体の力を抜いて、リラックスします。

三、**「大地の神様、どうか私の身体の中にあるすべてのネガティブな気、感情、考え方、記憶、邪気を取り除いてください」**と、唱えます。

四、体内にたまっている邪気が、黒い煙となって、手足を通じて地面の中に流れていくイメージをします。

五、次に大地から気を充電します。地球の中心にあるマグマをイメージしましょう。

六、マグマの熱が大地に上がり、その気が、自分の手と足から、キレイになった体内に流入してくるところを想像します。

七、身体中に気が満ちてきたと思ったら、大地の神様に感謝して、終了です。

こうして、大地と自分との気の循環をイメージすれば、浄化と充電を同時に行うことができます。

お盆でご先祖様を味方につけよう

ひとりひとり、顔も、身長も、声も違うのは、DNAに刻まれた情報によるものです。

DNAは、親から受け継ぐので、ご両親に似るのは当然ですが、両親の、そのまた両親の……と、遡《さかのぼ》れば、血の中に、何億人ものご先祖様の記憶が生きています。

そこには、良い記憶だけでなく、不成仏《ふじょうぶつ》な思いもたくさんあるでしょう。成し遂げられなかった未練も、悔しさも、過《あやま》ちを犯した後悔も。

そういった不成仏な記憶は、今の自分にも影響し、どうしても好きになれないところや弱み、コンプレックスとなってあらわれます。それが因縁《いんねん》です。

お盆は、「あの世のふたが開く日」とされ、あの世から先祖が戻って来て、家族と一緒に過ごす、というわれがあります。

見方を変えると、自分の血脈に眠るご先祖様の記憶が蘇ってくる時期なのです。ですから、自分の嫌いなところ、弱点や悪いクセ、劣等感《れっとうかん》などが、浮き彫りになりやすいときでもあります。

だからこそ、お盆の過ごし方は、とても大切です。自分の血脈に眠る、ご先祖様に成仏してもらえるように、感謝し、祈るのです。

そのために作るのが、※精進料理《しょうじんりょうり》。ゆにわでは、ゴマ豆腐やうずめ飯、飛竜頭《ひりゅうず》や白和《しらあ》えなどが定番です。

お盆に精進料理を食べる本当の意味は、ご先祖様とつながるところにあると思っています。

人は一生を終えると、肉体は土に還り、その土が、次のいのちを育てます。そう考えると、土や植物、動物たちの中にも、ご先祖様は息づいています。ですから、いかなる食材であれ、せっかくの持ち味が活かされなかったり、誰も喜ばない料理になっていたら、ご先祖様も浮かばれません。

逆に、余すことなく、食材のいのちを活かし切った『開運ごはん』は、食べるだけで、成仏できずにいた、ご先祖様の未練まで、パーッと晴らしてくれます。

そんなごはんをただ味わって、感動しているうちに、自分の欠点やコンプレックスが、ひとつ、またひとつと消えてなくなっていくのです。


もちろん、料理だけでなく、肝心なのは生き方です。毎日、後悔を残さないこと。毎日、全力でぶつかること。思い残すことなく、いのちを燃やすことです。

私たちが、日々、成仏する生き方をしていたら、自分とつながるご先祖様の思いまで、一緒に成仏していきます。

すると、ご先祖様みんなが応援してくださり、運はひらけていきます。

そう、生き方しだいで、過去はいくらでも、変えることができるのです。

※精進料理……肉や魚を使わずに、野菜や果物、海草などで作られた料理のこと。

九月九日・重陽の節供に理想と現実を結ぼう

男と女、月と太陽、心と身体、昼と夜……。

中国発祥《はっしょう》の陰陽《いんよう》思想では、「宇宙のすべては、陰と陽の気でできている」とされます。

どっちが上とか下とか、善いとか悪いとか、きっぱり分けてしまうのではなく、どちらも支え合って、循環して、ひとつの世界ができるということです。

陽の数字（奇数）の中で、いちばん大きいのが〝九〟。

これが二つ重なる九月九日は、陽の気が極まる特別な日として、大切にされてきました。それが重陽《ちょうよう》の節供です。

今の日本では、あまり知られていませんが、運の流れに乗るために、欠かせない一日なのです。

陽は極まると陰になり、陰は極まると陽になる、という言い伝えがあります。

つまり、陽が極まる重陽の節供とは、
陽（理想、イメージ、抽象）の世界の気がいよいよ満ちて、
陰（現実、リアル、具体）の世界に降りて来ますよ、ということです。

春に誓いを立てて、夏に勢いをつけ、育んできたあなたの願いが、ようやく現実となって実を結びはじめるのが、この時期なのです。

また、重陽の節供は、別名「菊の節供」ともいわれ、菊の花びらを浮かべたお酒を酌《く》み交《か》わしたり、菊を愛《め》でる宴を開いて、〝長寿〟と〝幸運〟を祈ります。
私の暮らす枚方市《ひらかた》も毎年、秋になると菊人形展が催される、菊にとてもご縁が

ある土地です。

菊の神様として知られるのが、白山（石川県）に祀《まつ》られている菊理媛神《ククリヒメノカミ》。

「菊」と書いて「くくり」と読むので、はじめて知ったときは、不思議な読み方だなと、思っていましたが、あとになってその意味を知りました。

この菊理媛神《ククリヒメノカミ》は、まさに重陽の節供の働きに深く関係しています。

本来は、相容《あいい》れない仲にある〝二つ〟を〝ひとつ〟にくくりつけ、結んでくれるのです。

理想と現実が結びついたとき、いよいよ結果が出ます。

過去と未来が結びついたとき、心から迷いが消えます。

吉と凶が結びついたとき、人生は物語《ドラマ》だと気づけます。

あなたと私が、本当の意味で結びついたとき、そこに幸せが生まれます。

もちろん、それらを結びつける努力は必要です。

「菊《きく》」の音が教えてくれるように、そっと耳を澄ませて、相手の声、声にならない思い、自分自身の本音を、ちゃんと聴くことです。

私は、この時期になると毎年、ゆにわオリジナルの玄米酒に、そっと菊の花を浮かべて、いただきます。

「ゆにわにお越しになる、すべての方が、良き縁で結ばれますように」と、菊理媛神《ククリヒメノカミ》に祈りつつ。

コラム　運気を上げる秋の食材

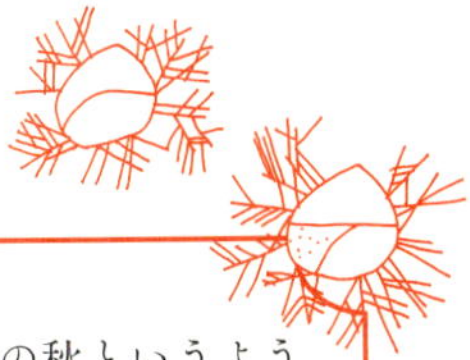

秋は、実りのときを迎えます。読書の秋というように過ごしやすく、勉強も仕事もはかどる季節です。

四季の移ろいを感じさせるお月見の行事には五穀豊《ごこくほう》穣《じょう》を祝うお団子を供えます。

この頃から、暑さも次第に弱まり、夏の疲れも出やすくなります。秋の旬の食材は、なすやくり、マツタケ、そして、さつまいも、ごぼうなどの根菜類です。

なすは「秋なすは嫁に食わすな」というぐらい特に水分を多く含み、身がしまっています。

マツタケは血行を促し、イライラを鎮めるなど心身を良好に保つ働きがあります。滋養強壮にも良く、免疫力を高める作用もある万能の食材です。

果物ではりんごや梨、柿がおすすめです。

りんごは、季節の変わり目に生じるホルモンバランスを整える作用があります。

秋に出回る梨は甘く水分も多く含み、解毒の働きもある果物です。風邪の予防にはりんごもいいですが、何よりも柿は胃腸を丈夫にし、肌を美しく整えてくれる働きもあります。また、秋はさんまも旬。脂の乗ったさんまに胃腸の働きを助ける大根おろしを添えます。できれば身体を温める生姜と一緒に食べると血の循環を良くします。

■秋の旬の食材：えのき、エリンギ、しいたけ、マツタケ、さつまいも、さといも、くり、かぶ、ぎんなん、ごぼう、じゃがいも、大根、チンゲン菜、なめこ、ニンジン、野沢菜、はくさい、ホウレンソウ、マッシュルーム

冬
命眠る
WINTER

透きとおる冷気
静かな銀世界
草花木虫動物
深い眠りに いざなわれ
みんなおうちに帰ってく
春のめざめを待ちわびて
澄んだ夜空を見上げれば
きらきら　きらら

幾星霜《いくせいそう》を経た星々は
四季のめぐりを知っている
ストーリーは一区切り
終わりははじまり
ひとりはみんな　みんなはひとり
すべては循環の中にある

身体を温めて、めぐらせよう

厳しい寒さが続く冬場は、どうしても身体を冷やしてしまいがちです。

冬は、気を蓄える作用が働くため、毒素もたまってしまいます。

しかも、現代人は夏場でもクーラーの効いた空間にいて、運動不足。

自覚しているかは別として、冬でも夏でも、身体は芯から冷え切っています。

冷えは、万病の元。ほとんどの病気は、冷えが原因です。

下半身は冷えているのに、心臓がある上半身には熱がこもってのぼせやすく、寝つきにくくなります。それは、上半身と下半身で、身体の温度差ができているため。それを放置しておくと、身体全体の血流が悪くなり、ホルモンバランスは崩れ、免疫力が低下します。

冷え対策は、足下から。冷えをとることで血の流れを良くして、免疫力が高まる身体にしていくことが大切です。

私は、シルクとウール（または綿）の靴下を交互に六枚から八枚履いて、足下を温めています。さらにレギンスとレッグウォーマーも履いて完全防備。おかげで、冬でも足下はぽかぽか。毒素を出しながら、身体は温まるので、上半身はいつも薄着です。

むしろ、上半身は薄着にして風通しを良くすれば、下半身との温度差がついて、気がめぐります。

また、半身浴、温冷浴、足湯、湯たんぽを上手に活用しています。

半身浴で大切なことは、みぞおちまで、お湯にゆっくりと浸かること。たまった邪気も汗となって、身体から抜けていきます。これを約二十分。そのあと、冷たいシャワーを浴びて、湯船に浸かることを一分ずつ交互に繰り返す温冷浴を行います。毛細血管を収縮させるので、代謝と血流が良くなり、体温が持続するのでおすすめです（ただし、温冷浴は体調の良い日のみ行いましょう）。

足湯は、底の深い専用のバケツに、ひざ下までお湯をはり、天然塩も入れています。

足湯をしている間は、読書や目を閉じて気持ちを落ち着かせながら気分転換。そのあとは、天然素材のオイル（私はオーラグロウを愛用）で優しくマッサージ。

湯たんぽは、寝るとき以外にも活用できます。デスクワークのとき、足がすっぽり入るくらいの箱に湯たんぽを入れて、ひざかけを上からかけると、ミニこたつになります。じんわりと優しいあたたかさで、気持ちいいですよ。

身体が冷えるのは血流が悪いためですが、これでは、心も冷えて固まります。固まるとは止まること。流れが悪いということ。

身体を温めると、血が流れ、心も温かくなってリラックスできます。

気血《きけつ》が循環している状態で作った料理は、おのずと愛情と気にあふれるのです。

冷えとり下着で、子宮を美しくしよう

最近は、妊活をしている女性が多く来店されます。

「ゆにわでごはんを食べたら子宝に恵まれた」「食の講座に出てライフスタイルを変えたら妊娠できた」ということが口コミで広がっていると聞きました。

また妊娠してから、「今後の育児の勉強のために」と遠方からごはんを食べに来てくださる女性もいらっしゃいます。

妊娠しづらい原因のほとんどが、身体の冷えとは、あまり知られていません。

いざ子どもを、と考えるようになったときに、子どもを産み、育てていく、身体作りができていないのです。

冷えとりは、部分的に身体を温めて、血行を促し、ホルモンバランスを整えて、本来の身体のサイクルに戻すものです。

冷えとりをする上で、身体に直接つけるもの、つまり下着ほど、気をつけなければなりません。

私が女性に特におすすめしたいのが布ナプキンと、ゴムなしのふんどしタイプのショーツ、ワイヤーとゴムなしの締め付けのないブラジャーです。

生理用の紙ナプキンには、血を固まらせる薬剤が入っているため、実は、つけているだけで、身体を冷やしてしまいます。

何より、陰部の経皮毒《けいひどく》の吸収率は、腕の四十二倍といわれています。薬剤を陰部につけることにより、子宮をはじめ、全身に発現する毒性の多さは計り知れません。

そして、紙ナプキンは、月経不順を引き起こすばかりか、イライラや不安感、倦怠感《けんたいかん》など心身の不調まで招いてしまうのです。

本来、月経は月に一度、ホルモンバランスを調整し、身体にたまった毒を洗い流す〝浄化・解毒〟の働きをするためのもの。

ホルモンバランスが整えば、自然と女性らしさにあふれ、美しくしてくれる、特別な日なのです。

私は、紙ナプキンをやめ、布ナプキンを使って、子宮を冷やさないようにしています。

布ナプキンは、不安に感じる方もいると思いますが、きちんと使えば、立ち仕事の私でも、漏れません。むしろ、ほっとする温かさ、安心感があり、生理の日にブルーになることがなくなりました。

子宮は、神様が宿る神社だと、とらえていますので、子宮の状態を良くすることとは体内の神社を守ることと同じ。いくら良い神社だといっても、誰も大切にしていない、ボロボロの廃《すた》れた環境では、神様はお迎えできないのです。

次に、おすすめしたいのが〝ふんどし〟です。

「ふんどし!?」と、びっくりされると思いますが、私は、ふんどしの良さを活かしたショーツ（ふんティー）を愛用しています。

簡単にいうと、ゴムなしのヒモのパンティーです。今では機能性もアップしたかわいい女性用のものが、たくさん販売されています。

どこにもゴムがないので、ウエストと股関節に締め付けがなく、開放的になって、血流も良くなって冷えにくく、むくみも激減しました。

女性は、男性よりも脂肪がつきやすく、血液が滞《とどこお》りやすい性質を持っています。

なので、極端にいえば、ゴムのショーツでは、血が止まってしまうのです。目に見えない負担が、身体にかかり続けていたということが、使ってみるとよくわかります。

ブラジャーも同様に、ゴムの締め付けにより、アンダーバストあたりの血流が悪くなるので、良くありません。私は、ゴムを使わない、ワイヤーなしのものを使っています。

ワイヤーも血の流れを止めるため、危険なのです。

そして、布ナプキン、ショーツ、ブラジャー、これらに使われている素材をよく見て、化学繊維は避けましょう。汗を吸収せず、静電気を集めてしまうため、冷えを促進し、おすすめできません。

化学繊維は、素材自体が安いため、多く出回っていますが、体内にとってリスクが非常に高いのです。

子宮は神社です。

私は、やみくもに神社参拝に行くよりも、自分の中に眠る神社（子宮）を日々意識することに、重きを置いています。

実際、神社に行って、参拝するとき、「神様は性器の部分を通る」といわれています。

性器の周辺が化学繊維のもので覆われていては、ブロックされるともいわれています。

嘘か本当かはさておき、私は、子宮が神社であると感じずにはいられません。なので、神様がブロックされないように、麻と絹の物を身につけて、血の流れが止まらないよう、心地良い環境にしています。

また、冷えとりを語る上で、食べ方に気をつけたいのは、食べ過ぎです。食べ過ぎも内臓に負担がかかり、身体が冷える原因になります。

腹七分目を心がけましょう。

エネルギーがたまってきたら、量は必要なくなります。

こうして、肌につけるものと食べ方を変えて、冷えの体質を変えていくことが、大切なのです。

開運おむすびで、神様とのご縁を結ぼう

十一月二十三日は、勤労感謝の日として知られていますが、もともとは、五穀《ごこく》豊穣《ほうじょう》を祝う「新嘗祭《にいなめさい》」の日として、古くから伝えられてきました。

新嘗とは、「ごちそうでもてなす」という意味で、新米を神様に献上するお祭りです。今でも、日本で最も大切とされるお祭りのひとつです。

日本の神話『古事記《こじき》』の中にも「稲穂《いなほ》の神勅《しんちょく》」という場面で、お米作りのはじまりが描かれています。

世の幸せを願っていた太陽の神・天照大神《アマテラスオオミカミ》は、地上の混乱をなげき、瓊瓊杵尊《ニニギノミコト》に「どうか地上を争いのない、幸せな国にしてください」と命令します。

そのときに託《たく》したのが、有名な三種の神器（鏡・玉・剣）と、お米でした。

お米は、日本という国を守るための、授かり物だったのです。

それが本当かどうか、歴史的な意味はさておき、私は、お米一粒一粒を「天照《アマテラス》大神《オオミカミ》の魂から生まれたもの」と見立てて、想像して、丁寧に丁寧に扱っています。

すると、土鍋に火をかけた瞬間、お米が踊りながら、優しい笑顔を投げかけてくれます。まるで、一粒一粒に小さな神様たちが宿っているように。

お水を含んだお米は、ふわっとして、まるでかわいい赤ちゃんのよう。

そうやってお米を愛《め》でて、想像しながら愛情を傾けると、お米も愛情を返してくれます。そうして生まれるのが、食べた人の運を良くする『開運おむすび』です。

私は、先生が作ってくれた、たったひとつのおむすびで人生が変わりました。このおむすびが、ゆにわの礎《いしずえ》を築きました。そして、たくさんのご縁を結んでくれました。この良縁を導く開運おむすびの作り方をご紹介します。

■開運おむすびの作り方

私は、はじめに白いバットの上に少量ずつお米を出して、割れたり、黒ずんだりしているお米を取り除いてから、炊き上げていきます。

【準備するもの】

炊き上がったごはん
氷水の入ったボウル
天然塩（できれば皇帝塩）

一、氷水に手をつけて冷やし、塩を手のひらにつけます。

二、炊き上がってすぐに「熱々」の状態のままで握りましょう。熱いうちは、でんぷんがのりの役割をしているので、外側はしっかりと固まります。食べると口の中でふんわりと広がる、絶妙な味と食感になります。

三、握るときの力加減が大切です。強すぎず、弱すぎず、力加減を覚えていきましょう。
大切なのは、おむすびを握るのではなく、〝光〟を握っているとイメージすること。天から光の柱が、まっすぐに自分の頭の上まで降り注ぎ、そのまま背骨を通って、両手から〝光〟があふれ出し、その光でごはんを握るイメージです。

四、次に、おむすびの米一粒一粒から、まばゆい〝光〟があふれ出てくると感じるまでイメージしましょう。さらに、その〝光〟の中に、おむすびを食べた人が、無邪気な子どものような笑顔になっていく姿を想像しながら、握ります。

大祓《おおはらえ》の儀式で、新しい年を迎えよう

ほとんどのご家庭は、年末に大掃除をすると思います。

一年を振り返りながら感謝し、たまった汚れを落とし、キレイな状態で年越しをするためです。

家の掃除だけでなく、自分自身の掃除も、また重要です。

昔から日本人は、大晦日《おおみそか》に、「年《とし》越《こ》しの大祓《おおはらえ》」というご神事を行ってきました。

誰でも知らないうちに犯した罪と穢《けが》れがあります。それらを祓って、心と身体の大掃除をして、本来の感覚を取り戻し、清浄な状態で新年をお迎えするのが、大祓の儀式です。

私は、大晦日には、お店が終わったあと、大祓の儀式を行って、一年間の罪や穢れを祓い、心身共に清めて、次の年をお迎えする準備をします。

ここでは、私が行っている大祓の儀式を、ご紹介します。

【準備するもの】

日本酒（おすすめは、ゆにわの日本酒D　七二十ミリリットル）

天然塩（おすすめは、キパワーソルト）

■年越しの大祓の儀式の作法

心を落ち着けることができる部屋で準備をします。

自分の部屋をキレイに掃除して、何も置かれていない机の上、もしくは食卓に日本酒を置き、心を鎮《しず》め、呼吸を整えていきます。

【年越しの大祓の儀式】

一、次の言葉を唱えます。

「ただ今より、年越しの大祓の儀式を行いますので、どうかご許可ください。許す！（自分で許可する）

この一年間で、私の身体、思考、感情、霊体についた諸々《もろもろ》の罪穢《つみけが》れを祓い清めてください」

二、お風呂場に移動して、※日本酒を一本まるごとと、天然塩を適量（キパワーソルトなら一袋）を湯船に入れて、かき混ぜながらお湯になじませていきます。

このときに、お風呂に光が満ちあふれているようなイメージをすると、なお良いでしょう。

三、服を脱ぎ、身体や髪をシャワーで洗い流して清めます。

四、かけ湯をしたあと、ゆっくりと湯船に浸かります。

五、大祓祝詞《おおはらえのりと》を三回、唱えます（大祓祝詞は二〇六ページをご参照ください）。
すべて行ったあとは、そのまま酒風呂を楽しんだり、すぐにお風呂から上がってもかまいません。

六、「これを持ちまして、年越しの大祓の儀式を終了させていただきます」
と締めくくり、終了です。

※お酒の弱い方は、お風呂に入れるお酒の量は少な目でもかまいません。
また、体調が悪くなったら、ムリをせずに、すぐにお風呂から上がりましょう。

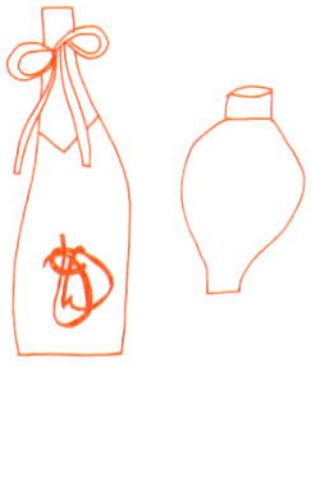

おせち料理とお屠蘇で、一年の総仕上げをする

年末は、おせち料理を作ります。

私にとっては、一年間の料理の総決算です。これまで、どんな料理を作り、食べてきたのか。去年よりも、どれくらいレベルアップしたのか。仕入れ、下処理、切る、煮る、蒸す、焼く、その成果が出るときだと思っています。

おせち料理は、季節の変わり目を意味する節供のたびに、神様にお供えをしたことが発祥とされています。

おせちを三が日に食べるのは、歳神様《としがみ》が静かに過ごせるように、この期間は、家事を控《ひか》えて、できるだけ音を立てないようにするために、縁起が良く、日持ちするものが詰められています。

私たちは、毎年十月ぐらいから、おせち料理の準備をはじめます。

準備といっても、まずは、〝心〟と〝場〟の準備です。

誰しも、年末は、やることが多く、どうしてもバランスを崩してしまい、運気が下降ぎみになります。そのような状態では、おせち料理を作るまでに至らない人も多いでしょう。

買うにしても、最近のおせちは驚くほど安いものが増えました。その背景には、夏頃から野菜を冷凍させておき、年末に解凍させて使っているところもあります。夏のほうが冬の野菜は安いからです。

これでは、旬の気をいただくどころではありません。

私は、冬の食材をかき集め、十二月中旬から作っていきます。

それまでに、食べていただく大切な方々や、スタッフや、自宅や、店内の空間に、良い気が満ちるように、イメージしながら、気持ちを高めているので、調理にかかるときには、心身共にエネルギッシュな状態で、迷いなく、丁寧に、速く作れます。

きっと、その〝気〟が食べた人の運を良くしてくれると思っています。

【開運おせち料理　〜黒豆を炊く〜】

おせち料理に入っている黒豆は、「黒くまめまめしく」という語呂から、「陽《ひ》に焼けて、まめまめしくよく働くように」という意味が込められた縁起ものです。

一般的な黒豆の作り方は、黒豆を洗って、煮汁となる水に材料をすべて入れて煮立てたら、火を止め、黒豆とさび釘を入れて、一晩おいて、黒豆を戻します。強火にかけ、アクをとり、差し水をして、再び煮立て、アクをとります。

これを二、三回繰り返し、落し蓋とふたをして、弱火で八時間ほど煮ます。煮汁がひたひたになり、黒豆が柔らかくなったら火を止め、そのまま冷まして味を含ませたら完成です。

ゆにわでは、八日間かけて作ります。

まず、黒豆を洗い、お米を洗ったときに出る、ぬか汁に五日間つけます。

もちろん、保管は冷蔵庫で。ぬか汁は毎日交換します。

五日間ぬか汁につけるとそれだけで水分が入り、ぷっくりとして、黒豆の〝たましい〟が目覚めるかのようです。

この段階で、大きく皮が破れたものはひとつひとつ取り除いていきます。

その後、たっぷりの水に黒豆を入れて、火にかけ、鉄粉を入れてアクをとり、湯が減ってきたら足すといった工程を一日中繰り返します。

その夜、台所から離れるときに、火を切ります。

翌朝、冷めきった湯に水を足して、再び火にかけます。

黒豆を指でつぶしてみて、ちょうどいい柔らかさになるまで二日間、火にかけてから、冷まします。

次に、鉄粉を除いていく段階に入ります。

朝、別鍋に水をはり、手袋をつけて、黒豆を移し、再び、火にかけます。もうひとつ新しい湯を用意して、網ですくった黒豆を移していきます。これを三回繰り返し、余分な鉄粉をとっていきます。そうすると、黒豆自体はしっかりと黒い色になっています。

新しい湯にその黒豆を移してから味入れです。ゆにわのきび砂糖を少しずつ、何回も何回も分けて入れながら、ゆっくりと煮詰めていきます。

味見をしながら、塩を入れ、甘さを引き立たせながら、ぐっと煮詰めていき、「ここだよ」というときに、仕上げにたまり醤油を入れます。漆黒につやつやと、光り輝く宝石のような黒豆の完成です。

同時進行で他の調理をしながら行っていきますが、火をかけている間は、火元から離れず、意識を向けるので、黒豆と気持ちが通じ合うくらい、黒豆と自分自身が一体になる感覚を覚えます。

そして、黒豆に鉄を入れるのは、皮を黒く美しくするためですが、私たちは、鉄によって、黒豆の気を変えるような、あるいは、※天目一箇神《アメノヒトツノカミ》の神事を執《と》り行うようなつもりで鉄粉を使用しています。

【開運おせち料理と一緒に　～お屠蘇のいただき方～】

そして、おせちと一緒に用意したいのが、お屠蘇《とそ》です。

正式には、屠蘇延命散《とそえんめいさん》といい、一年のはじまりであるお正月にお屠蘇をいただけば、一年の邪気を祓い、寿命を延ばすという言い伝えがあります。

「屠蘇」には、邪気を取り除き、たましいを蘇らせるという意味があります。

数種類の薬草（桔梗《ききょう》、白朮《びゃくじゅつ》、桂皮《けいひ》、防風《ぼうふう》、陳皮《ちんぴ》、山椒《さんしょう》、丁子《ちょうじ》）を細かく刻んで調合したものを、屠蘇散《とそさん》といい、大晦日の晩に酒やみりんに浸して元旦に取り

※日本神話に出てくる製鉄と鍛冶の神様のこと。

出し、若い人の生気を年長者に送る意味で、若い人から順にいただきます。

屠蘇散《とそさん》とは、古来、中国（魏）の華佗《かだ》という神の化身《けしん》のような医師の処方で、年始に飲む薬であり、日本では平安時代から行われています。

ゆにわ流のお屠蘇《とそ》のいただき方は、屠蘇散の薬効が十全《じゅうぜん》に発揮されるように、華佗の霊に感謝し、よくお祈りしてから、いただくようにします（もちろん、いただき方は人それぞれ自由です）。

こうして、おせち料理とお屠蘇をいただくことで、歳神様《としがみさま》の良い気をいただいて、めぐり来る一年の準備をすることができるのです。

お餅つきで一年の元気をいただく

お餅つきとは、神様をお招きする、神事のために行うものでした。

今では、杵《きね》と臼《うす》を使って、お餅をつく光景は、少なくなりましたが、ゆにわでは、とても大切にしている行事のひとつです。

『古事記《こじき》』では、イザナギとイザナミが、矛《ほこ》で地上をぐるぐる混ぜて、生命の元を作り、そこから日本が形作られていった場面が描かれています。

日本を形作ったこの国生みこそ、餅つきにあらわされているといわれています。

餅つきに使われている杵が男神のイザナギであり、臼は、女神であるイザナミです。

この夫婦の二柱が融合して、お餅の中に新たないのちが生まれるのです。

【ゆにわ流　開運お餅つき】

ゆにわでは、餅米は前日から、たっぷりと入れた良い水につけておきます。

当日、大きな蒸し器で蒸し、餅米の芯がある程度なくなったら、引き上げて、温めた臼の中へ。このときは、まだ一粒一粒がお米の形のままです。


そこから、杵の底に体重をかけて、餅米をつぶしていきます。

ある程度つぶれたところで、いよいよつき始め。

餅米が冷めないうちにつききらないと、蒸した餅米がばらばらのまま固まってしまうので、餅米を蒸したあとは、どの工程も時間との勝負です。


私には、陣痛がきたときのお母さん（つき手）と赤ちゃん（餅米）、産婆《さんば》さん（返し手）の状態のように見えます。

つき手と返し手の呼吸を合わせて、餅つきをしながら、「よいっしょ!」と、かけ声を繰り返して、みんなの思いを臼の中の餅米に宿していきます。

それはまるで「いまか、いまか」とつき上がりを確認しながら、お母さんを励ます、産婆さんのよう。

返し手は、様子を見て、つき手に声をかけます。

杵は重く、身体の重心をうまく使ってリズムよくつかないと、単なる力任せではつききれません。その仕上がりは、見た目、手の感触、勘《かん》、その日の空気……。

それらを駆使《くし》して、餅米がひとつのいのちとして出てくるときを待つのです。

応援し、かけ声を送る人たちは、その小さないのちの誕生に胸を膨らませます。

ぺったん、ぺったんと呼吸を合わせてリズムよくお餅をついていると、ある一線を越えたところから、お餅がなんともいえないなめらかさになり、お餅の中に眠っている、たましいが光り輝いてくるのがわかります。

最後の最後まで、あきらめずに、みんなの思いを一身に集めれば集めるほど、お餅はさらに甘さを増して、ほっぺたが落ちそうなくらいおいしくなるのです。

「はい、つけました！」と米粉を敷いたバットに、生まれたてのいのち、お餅をうつします。

さぁ、出来上がりです。

生命の元（餅米の光）を集めて、新たないのちを作ること。それがお餅つきの由来であり、こうして生まれた生命力のかたまりをみんなでありがたく食べることで、一年の元気をもらえる、それが餅つきの本当の役割です。

ついたお餅の一部は、平たく円形の鏡のように作り、大小二個を重ねて〝鏡餅《かがみもち》〟として神様にお供えするとよいでしょう。

鏡餅は、三が日をすぎた、一月十一日頃に鏡開きを行います。

鏡開きの日は、家庭円満を願い、神様にお供えしたものを、お下がりとしていただくのです。

鏡餅は、鏡が太陽光を反射することから、天照大神《アマテラスオオミカミ》が宿るといわれています。

さらに、「鏡」は「かがみ」と読みます。

「かがみ」から「が」を抜くと「かみ」になります。

鏡に映る自分の姿から、我《が》をなくすと神《かみ》になりますよ、という意味です。

そこには、「新年、気持ちを新たに、我をなくして日々過ごしなさいよ」という教えが込められているのです。

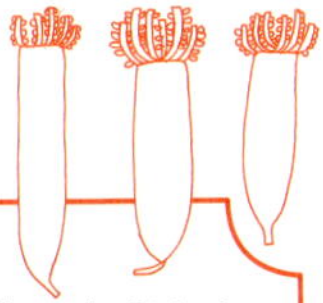

コラム　運気を上げる冬の食材

冬は鍋物がおいしい季節です。小松菜や春菊などの葉もの野菜や大根や白菜なども積極的にとりたいもの。

冬の寒の入り、一月七日に食べる七草（せり、なずな、ごぎょう、はこべら、ほとけのざ、ずずな、すずしろ）は新鮮なものをとることで、邪気を祓い、不足しがちな栄養を補う大切な風習です。

七草粥を食べると一年間風邪を引かずに健康に過ごせるともいわれています。決められた七草にこだわらず、旬の葉ものを使って私たちも作っています。ねぎは冬場に一番味がおいしくなります。血液の流れも良くし、ストレス解消効果もあるといわれています。

ゆにわでは、カキの土手鍋をよく作ります。上質な白みそに卵と調味料を合わせて、昆布出汁に溶かし、豆腐や春菊、青ねぎ、すりおろした生姜といった食材でシンプルに仕上げます。

また、魔除けの力をもつ小豆は、鏡餅のお汁粉にしたり、お赤飯にしても良い気をいただけます。〝冬至かぼちゃ〟といわれるように、冬至の日にかぼちゃを煮て食べると風邪を引かずに過ごせるといういわれもあります。さらに金運祈願にもなるそうです。

■冬の旬の食材：カリフラワー、キャベツ、きょうな、くわい、ごぼう、小松菜、春菊、せり、セロリ、大根、長芋、長ネギ、野沢菜、ハクサイ、ブロッコリー、ホウレンソウ、芽キャベツ、やまいも、ゆりね、れんこん、ゆず、くるみ

ーめん ゆにわ
御食事 ゆにわ

営業中

おわりに

二〇〇六年十一月、十二名の仲間と共に「御食事ゆにわ」をオープンしました。私同様、彼らも大学受験塾の卒業生たち。先生が握ってくれた「おむすび」を食べて、幸せになったメンバーです。

九年前、私たちは料理経験がほぼゼロの新卒者で、突然ゆにわを開業しました。今振り返ってみても、無謀に近い挑戦です。

お店の開業資金を集めるときは、本当に必死でした（詳しくは、既刊『いのちのごはん』／青春出版社発行に書いています）。

しかし、実は店をオープンしてからのほうが、もっともっと大変でした。開店初日から、目も当てられない失敗の連続。特に一年目は、かなりひどかったです。

十一月一日、オープン初日。ランチタイムに、事件は起こりました。開店早々、近所のお客様で店内は満席。「さぁ、料理を出すぞ」というタイミングで、お店のブレーカーがガチャンと落ちました。何度、ブレーカーを押し上げても、またすぐにガチャンと落ちる。明らかな電力オーバーです。

店内は、照明もBGMも消え、一瞬シーンと静まり返りました。全く予測していなかったこの事態に、私たちは頭が真っ白になりました。なかなか電力は回復せず、十分経過。

私は、「ハッ」と嫌な予感がして、急いで炊飯器を開けると、案の定、ごはんはべちゃべちゃ。とてもお客様にお出しできるような状態ではありません。ランチ用に炊いたお米は、全部ダメになりました。

さらに、厨房内が真っ暗なせいで、火にかけていたメイン料理が、気づいたら黒こげに。

「どうしよう、お客様に料理が出せない」と、もう半泣きでした。

すぐさまメニューを変更して、別の料理を作れば良かったのですが、残念ながら九年前は、そこまで機転がききませんでした。

私は、真っ暗のホールで、ひとりひとりのお客様に頭を下げ、謝罪して回りました。結局、誰にも料理を出せず帰っていただくという結果になってしまいました。

あのときは、本当に申し訳ないことをしました。これがオープン初日の出来事です。とんでもない幕開けでした。

その後も懲《こ》りずに、毎日毎日、事件は起きます。

ある日、店に大量のカレー粉が届きました。

「お値段、代引きで十三万円です」と宅配業者に言われ、絶対何かの間違いだと思い、発注担当のスタッフに確認すると、「送料無料でお得かと思って、十三万円分買いました。え、ダメでしたか？」と、言われました。

「十三万円でお得って……家賃払えるやん！」と、ツッコミましたが、彼女は、目をまるくして、きょとんした表情。

ぜんぜん伝わってないのです。

金銭感覚の違いが、思わぬところであらわになりました。このカレー粉をすべて消費しきるのに、丸三年はかかりました。


またある日、小麦粉の在庫を切らし、急きょスタッフに買い出しを頼みました。しかし、彼が買ってきたのは片栗粉。

「小麦粉は?」と聞くと、「え? 白色の粉って、ぜんぶ小麦粉じゃないんですか?」と言われたことも。

のちにわかったことですが、彼は、レタスとキャベツの区別もついてなかったそうです。


正直、考えられませんよね。実は、それほどまで、みんな、何かしらの常識がごっそりと欠けていました。もちろん今は、このような失敗はありません。彼も片栗粉と小麦粉の違いはわかっています。スタートがこのレベルだったので、あの頃とは見違えるほど変わりました。

理性（現実・仕事）の道は、一歩一歩です。
知らないことは、ひたすら勉強する。
失敗したら、学びに変える。
ひたすら、その繰り返し。
スピードは、ゆっくりでもかまいません。
決して歩みを止めなければ、少しずつでも確実に、成長していけます。

一方で、私たちには、九年前からぜんぜん変わっていないところがあります。
それは、共通の理想（ゴール）。
先生の「おむすび」を食べた十七歳のあの日から、目指すゴールは変わっていません。

「おむすび」を、ただの良い思い出にしたくない。
あの「おむすび」が作れるようになりたい。
誰かを幸せにできるごはんが作れるようになりたい。
幸せにしてもらった分、私も誰かにお返し（ペイ・フォワード）していきたい。
先生のようになりたい。

これが、私のゴールです。

人を幸せにできる究極のごはん（悟性《ごせい》）を、先生から教わりました。
それを形にするため、日々、料理や生き方や人間関係（理性）を磨いています。
もちろん、まだ道の途中です。
だけど、私は迷いません。
おそらく、今後も道に迷うことはないでしょう。

だって、目的地（ゴール）を見失わないように、いつもナビ（感性）を持ち歩いていますから。

これまで、いろいろな場面でナビ（感性）に助けられてきましたが、忘れられない思い出があります。

ゆにわオープン二年目の十二月のことでした。待ちに待ったクリスマス。

私たちは食材を奮発して、とっておきのクリスマス・ランチ＆ディナーを用意しました。

約一カ月前から料理の試作を繰り返し、先生にアドバイスをもらい、何度も何度も練習しました。同時進行で、営業、チラシ配り、店先の看板、ポスター、ホームページ、メルマガなど、考えつくかぎりの宣伝もしました。

しかし、予約はゼロ。

クリスマスイブとクリスマスの二日間。ひとりもお客様はいらっしゃいませんでした。

閉店後、クリスマス用の食材だけが、大量に余りました。
私はそれを見つめながら、
悔しさ、
悲しさ、
虚しさ、
自分たちの至らなさ、
「この先、お店続けていけるかな?」
という漠然《ばくぜん》とした不安、そんな思いが込み上げてきました。

うまく言葉にならず、気持ちを整理できず、ただ胸が張り裂けそうでした。

今まで以上に、宣伝にも力を入れたせいでしょうか。
食べてもらいたいのに、叶わない現実の厳しさに、そこそこダメージも大きかったのです。

私は、余った食材をすべて使い、無我夢中でクリスマス・ディナーを作りました。
出来上がったばかりのカルボナーラを一口食べた瞬間、涙がボロボロと、こぼれ落ちました。

悲しかったのではありません。

本当に本当に、ただおいしかったのです。

あたたかくて優しくて、全身の力が抜けて、顔が自然とほころぶ、とても優しい味。

今までで、最高の出来栄えでした。

「これ、私が作ったの？」と、一瞬、疑いました。

だって、先生が作るカルボナーラが、そのまま再現されていたから。味だけじゃありません。口に入れたら、心まで広がる優しい幸福感。不安や悲しみなんて一瞬で吹き飛びました。まるで、先生が隣にいてくれいてるような安心感に包まれ、感激で涙が止まりませんでした。


私はカルボナーラを食べながら、先生が見守ってくれていることをはっきりと感じ、私のたましい（感性）が、「大丈夫。この料理を作り続けていけば、大丈夫」と、背中をそっと押してくれました。

その後、作った料理はスタッフみんなで、わいわいと食べました。

悔しいのはみんなも同じだけど、誰もそれを口にしません。


「このカルボナーラ、先生が作ったみたい！」と口々に言いながら、みんな幸せそうな表情でほおばる。だけど、その目からは、大粒の涙がこぼれていました。

私たち、今を一緒に生きている仲間なんだと、心から彼らを愛《いと》おしく感じました。

たしかに、金銭感覚はめちゃくちゃだし、片栗粉と小麦粉の区別はつかないし、現実は散々だけど、一番苦しいとき、辛いときに、同じ気持ちを分かち合える不思議な関係。同じ理想（ゴール）をもった、かけがえのない仲間です。

この日彼らと、

「この料理、来年も出そう。作り続けよう」

「何があっても、ゆにわは守っていこう！」と、誓い合いました。

二〇〇八年クリスマス。

私はこの日を、名付けて、「泣いて、笑って、食べて、誓った記念日」と呼んでいます。

ゆにわが今日までやってこれたのは、先生（理想、ゴール）がいてくれたから。そして仲間がいてくれたから。

私にとって、「御食事ゆにわ」が特別（理想を実現する場所）なように、あなたにとっての「ゆにわ」を、ぜひ作ってください。

『開運ごはん』を食べて、幸せになってください。

幸せになったら次に、大切な方のために『開運ごはん』を作ってあげてください。もらった幸せを、どんどん循環させていってほしいのです。

理想と現実のギャップに挟まれて苦しいときもあるかもしれません。

でも、大丈夫。

そんなときほど、あなたのたましい（感性）を感じてみてください。
信じてみてください。

必ず、道しるべを示してくれます。

また、かけがえのない一生の仲間に出会えるかもしれません。

あなたの幸せを、そっと、お祈りしています。

御食事ゆにわ　店長
開運料理人　　ちこ

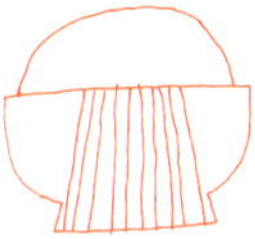

著者プロフィール

ちこ／開運料理人。十七歳で人生の師と出会い、開眼。「食を変えると人生が変わる」ことを会得し、「声なき声を聞き、香りなき香りを聞く」ゆにわ流を伝授される。大阪府枚方《ひらかた》市楠葉《くずは》に「御食事ゆにわ」をオープン。身体に良い自然食品をベースに塩、水、米を厳選し、祈りを捧げながらごはんを作るという独自のスタイルと共に、そのライフスタイルが反響を呼び、テレビやラジオに数多く出演。「ごはんを食べたら開運できた！」と全国から予約が殺到している。また、食の講座なども行い、食事の大切さを説いている。既刊に『いのちのごはん』『きずなのごはん』（共に青春出版社）、『運を呼び込む　神様ごはん』（サンクチュアリ出版）などがある。

元気になれる、笑顔になれる
『開運ごはん』を食べにいらしてください。

御食事ゆにわ

http://www.uni-wa.com

べじらーめん　ゆにわ

http://www.vegewa.com

茶肆《ちゃし》ゆにわ

http://www.chashi-uniwa.com

ゆにわマート

http://gojigen.net

参考文献

『二十四節気に合わせ心と体を美しく整える』（村上百代著／ダイヤモンド社）
『静寂の瞬間　ラマナ・マハルシとともに』（バーラティ・ミルチャンダニ編・山尾三省・福間巖訳／ナチュラルスピリット）
『福を呼び込む和のならわし』（広田千悦子著／メディアファクトリー）
『大切にしたい、にっぽんの暮らし。』（さとうひろみ著／サンクチュアリ出版）
『生理が楽しみになる本』（京谷奈緒美・松鳥むう著／講談社）
『秘伝　冷えとり手ワザ77』（室谷良子著・川嶋朗監修／学習研究社）
『カラー図解 東洋医学基本としくみ』（仙頭正四郎監修／西東社）
『地学基礎文部科学省検定済教科書　数研地学　304』（小川勇二郎著／数研出版）
『いのちのごはん』（ちこ著／青春出版社）
『きずなのごはん』（ちこ著／青春出版社）
『神様ごはん』（ちこ著／サンクチュアリ出版）

大祓祝詞《おおはらえのりと》

高天原《たかあまはら》に神留《かむづま》り坐《ま》す　皇親神漏岐神漏美《すめらがむつかむろぎかむろみ》の命以《みこともち》て　八百萬神等《やほよろずのかみたち》を神集《かむつど》へに集《つど》へ賜《たま》ひ　神議《かむはか》りに議《はか》り賜《たま》ひて　我《あ》が皇御孫命《すめみまのみこと》は　豊葦原瑞穂國《とよあしはらのみづほのくに》を　安國《やすくに》と平《たひ》らけく知《し》ろし食《め》せと　事依《ことよ》さし奉《まつ》りき　此《か》く依《よ》さし奉《まつ》りし國中《くぬち》に　荒振《あらぶ》る神等《かみたち》をば神問《かむと》はしに問《と》はし賜《たま》ひ　神掃《かむはら》ひに掃《はら》ひ賜《たま》ひて　語問《ことと》ひし　磐根樹根立草《いはねきねたちくさ》の片葉《かきは》をも語止《ことや》めて　天《あめ》の磐座放《いはくらはな》ち　天《あめ》の八重雲《やへぐも》を伊頭《いづ》の千別《ちわ》きに千別《ちわ》きて　天降《あまくだ》し依《よ》さし奉《まつ》りき　此《か》く依《よ》さし奉《まつ》りし　四方《よも》の國中《くになか》と　大倭日高見國《おほやまとひだかみのくに》を　安國《やすくに》と定《さだ》め奉《まつ》りて　下《した》つ磐根《いはね》に宮柱太敷《みやばしらふとし》き立《た》て　高天原《たかあまはら》に千木高知《ちぎたかし》りて　皇御孫命《すめみまのみこと》の瑞《みづ》の御殿仕《みあらかつか》へ奉《まつ》りて　天《あめ》の御蔭《みかげ》　日《ひ》の御蔭《みかげ》と隠《かく》り坐《ま》して　安國《やすくに》と平《たひら》けく知《し》ろし食《め》さむ　國中《くぬち》に成《な》り出《い》でむ　天《あめ》の益人等《ますびとら》が　過《あやま》ち犯《をか》しけむ種種《くさぐさ》の罪事《つみごと》は　天《あま》つ罪《つみ》　國《くに》つ罪《つみ》許許太久《ここだく》の罪出《つみい》でむ　此《か》く出《い》でば　天《あま》つ宮事以《みやごとも》ちて　天《あま》つ金木《かなぎ》を本打《もとう》ち切《き》り末打《すえう》ち断《た》ちて　千座《ちくら》の置座《おきくら》に置《お》き足《た》らはして　天《あま》つ菅麻《すがそ》を本刈《もとか》り断《た》ち　末刈《すえか》り切《き》りて　八針《やはり》に取《と》り辟《さ》きて　天《あま》つ祝詞《のりと》の　太祝詞《ふとのりとごと》を宣《の》れ

此《か》く宣《の》らば　天《あま》つ神《かみ》は　天《あめ》の磐門《いはと》を押《お》し披《ひら》きて　天《あめ》の八重雲《やへぐも》を伊頭《いづ》の千別《ちわ》きに千別《ちわ》きて　聞《き》こし食《め》さむ　國《くに》つ神《かみ》は　高山《たかやま》の末《すゑ》　短山《ひきやま》の末《すゑ》に上《のぼ》り坐《ま》して　高山《たかやま》の伊褒理《いぼり》　短山《ひきやま》の伊褒理《いぼり》を掻《か》き別《わ》けて　聞《き》こし食《め》さむ　此《か》く聞《き》こし食《め》してば　罪《つみ》と言《い》ふ罪《つみ》は在《あ》らじと　科戸《しなど》の風《かぜ》の天《あめ》の八重雲《やへぐも》を吹《ふ》き放《はな》つ事《こと》の如《ごと》く　朝《あした》の御霧《みぎり》　夕《ゆふべ》の御霧《みぎり》を　朝風夕風《あさかぜゆふかぜ》の吹《ふ》き払《はら》ふ事《こと》の如《ごと》く　大津辺《おほつべ》に居《お》る大船《おほふね》を　舳《へ》解《と》き放《はな》ち艫《とも》解《と》き放《はな》ちて　大海原《おほうなばら》に押《お》し放《はな》つ事《こと》の如《ごと》く　彼方《をちかた》の繁木《しげき》が本《もと》を　焼鎌《やきがま》の敏鎌《とがま》以《も》ちて　打《う》ち掃《はら》ふ事《こと》の如《ごと》く　遺《のこ》る罪《つみ》は在《あ》らじと　祓《はら》へ給《たま》ひ清《きよ》め給《たま》ふ事《こと》を　高山《たかやま》の末《すゑ》　短山《ひきやま》の末《すゑ》より　佐久那太理《さくなだり》に落《お》ち多岐《たぎ》つ　速川《はやかわ》の瀬《せ》に坐《ま》す　瀬織津比賣《せおりつひめ》と言《い》ふ神《かみ》　大海原《おほうなばら》に持《も》ち出《い》でなむ　此《か》く持《も》ち出《い》で往《い》なば　荒潮《あらしほ》の潮《しほ》の八百道《やほぢ》の八潮道《やしほぢ》の　潮《しほ》の八百會《やほあひ》に坐《ま》す　速開都比賣《はやあきつひめ》と言《い》ふ神《かみ》　持《も》ち加加呑《かかの》みてむ　此《か》く加加呑《かかの》みてば　気吹戸《いぶきど》に坐《ま》す　気吹戸主《いぶきどぬし》と言《い》ふ神《かみ》　根國底國《ねのくにそこのくに》に気吹《いぶ》き放《はな》ちてむ　此《か》く気吹《いぶ》き放《はな》ちてば　根國底國《ねのくにそこのくに》に坐《ま》す　速佐須良比賣《はやさすらひめ》と言《い》ふ神《かみ》　持《も》ち佐須良《さすら》ひ失《うしな》ひてむ　此《か》く佐須良《さすら》ひ失《うしな》ひてば　罪《つみ》と言《い》ふ罪《つみ》は在《あ》らじと　祓《はら》へ給《たま》ひ清《きよ》め給《たま》へと白《まお》す事《こと》を　天《あま》つ神《かみ》　國《くに》つ神《かみ》　八百萬神等共《やほよろずのかみたちとも》に　聞《き》こし食《め》せと白《まを》す

STAFF
Art Director
千原 徹也（れもんらいふ）
Designer
平崎 絵理（れもんらいふ）
Photographer
黒沼 諭（aosora）
Hair＆Make-up
原 康博（LIM）
Stylist
kika
DTP
白石知美（株式会社システムタンク）
企画・編集
新井久美子（神宮館）

衣装協力　大塚呉服店
Tel＆Fax　075-533-0533

神様とつながる
開運ごはん

2015年9月5日　初版第1刷発行
2015年10月10日　第3刷発行

著　者　ちこ
発行者　木村通子
発行所　株式会社神宮館
〒110-0015
東京都台東区東上野1丁目1番4号
TEL 03-3831-1638（代）　FAX　03-3834-3332
印刷・製本　誠宏印刷株式会社

ISBN978-4-86076-247-6

Printed in Japan
15X0350